Valerie Mai

Unser Pudel

Von der Anschaffung, Unterbringung, Ernährung, Pflege, Erziehung

Kosmos
Gesellschaft der Naturfreunde
Franckh'sche Verlagshandlung
Stuttgart

Kurztitelaufnahme der Deutschen Bibliothek

Mai, Valerie:
Unser Pudel : von d. Anschaffung, Unterbringung, Ernährung, Pflege, Erziehung / Valerie Mai. —
Stuttgart : Franckh, 1986.
ISBN 3-440-05665-1

Franckh'sche Verlagshandlung,
W. Keller & Co., Stuttgart / 1986

Printed in Germany / Imprimé en Allemagne / LH 9 gb
ISBN 3-440-05665-1
Satz: Fotosatz Stephan, Stuttgart
Herstellung: Wilhelm Röck GmbH, Weinsberg

15 Farbfotos von F. Gorski (S. 35, 37), H. Hiller (S. 17, 18, 38 oben, 56), E.-M. Krämer-Vogeler (S. 36, 55 unten), B. Neugebauer (S. 38 re. unten, S. 55 oben), E. Tylinek (S. 38 li. unten), 4 Schwarzweißfotos von H. Hiller (S. 2) und aus dem Archiv, 13 Sachzeichnungen von Eva Hohrath und aus dem Archiv sowie 8 Schmuckillustrationen und 16 Vignetten von Milada Krautmann.

Modell für die Schmuckillustrationen standen die Pudel »Wondergirl vom Kastanieneck« (B.: I. Niederer, Stuttgart) und »Fancy-Fair vom Walddorf« (B.: K. Koschinski-Pohlmann, Böblingen).

Umschlag von Ulrich Kolb unter Verwendung zweier Farbfotos von Heinz Hiller (Titelbild) und Foto Gorski

Fachtierärztliche Durchsicht: Dr. D. Mahler, Stuttgart

Unser Pudel

Vorwort

Der Pudel wurde in den letzten Jahrzehnten häufig von Nichtkennern als »Modehund« eingestuft. Er verdankt aber seine Beliebtheit nicht einer plötzlichen Modeerscheinung, sondern seinen vielseitigen Wesensveranlagungen, die man erst verstehen kann, wenn man seine Herkunft kennt. Sicher tragen auch die vier verschiedenen Größen, die fünf Farbschläge und nicht zuletzt seine üppige Wolle, die sich in verschiedenen Variationen zur schönsten »Frisur« gestalten läßt, zu seiner großen Beliebtheit bei. Der Pudel ist ein angenehmer Begleithund, ein »Allrounder« unter den Rassehunden, und nach dem heutigen Stand der Zucht sowie aufgrund der gepflegten Aufmachung seines Haarkleides für den Betrachter eine Augenweide.

Wenn Sie sich aber, verehrter Leser, unter den vielen Hunderassen grade dem Pudel zuwenden, dann waren sicherlich nicht allein seine vielfältigen Vorzüge und seine Schönheit ausschlaggebend, sondern vielmehr die gefühlsmäßige Übereinstimmung und Harmonie, die Sie verspürten, als Sie zum ersten Mal bewußt einem Pudel gegenüberstanden.

Meister Zille äußerte sich zu diesem Thema der »Wahlverwandtschaften« sehr passend: »Jeda Mensch hat so'n Hund wia selber is!«

»Canis aviarius aquaticus« um 1500

Die Herkunft des Pudels

Der Hund ist seit ca. 12 000 Jahren in menschlicher Gesellschaft. Nach der These des Berner Professors *Theodor Studer* über die Zusammengehörigkeit der Hunderassen hat sich der Pudel vermutlich aus dem *Lagerhund* und dem bronzezeitlichen *Aschenhund* entwickelt. Der Pudel steht zwischen den Rassen, die vom Lagerhund abstammen (Bernhardiner, Leonberger, Doggen und ähnliche) und der Gruppe, die auf den Aschenhund zurückführt (Jagdhunde). Durch Umwelteinflüsse und fortschreitende Domestikation, durch zielgerichtete Zucht und Auslese, bei der viele Generationen von Züchtern es sich zur Aufgabe machten, den Körperbau, die Kopfform, das Gangwerk, das Wesen usw., zu verbessern, entstand schließlich der Pudel, wie wir ihn heute kennen.

P. Reichenbach (1836) setzt den Ur-Pudel dem Owtscharka, einem osteuropäischen, zotthaarigen Hütehund gleich, der aus dem Osten zu uns kam. *Buffon* und später auch *Fitzinger* stellen die These auf, daß die ursprüngliche Heimat des Pudels der nordwestliche Teil Afrikas, besonders Marokko und Algier, war, von wo er jedoch schon sehr früh nach Europa gekommen sein muß.

Doch noch im Mittelalter wird der Pudel hierzulande noch nirgends genannt. Erst gegen Ende dieser Epoche treffen wir auf Spuren: Auf dem Grabmal Heinrich II. finden wir eine Pudeldarstellung von *T. Riemenschneider* aus dem Jahre 1489, und eine in Stein gemeißelte Darstellung eines Hundes, der uns als Pudel erscheint, sehen wir zu Füßen des Märtyrers *Firmin* in der Kathedrale zu Amiens (1499). Aus der gleichen Zeit kennen wir das Altarbild von *Rogier v. d. Weyden* »Darbringung im Tempel« und das Gemälde aus dem Jahre 1492 von *Piero di Cosimo* »Die drei Erzengel und der junge Tobias«; (beide Gemälde alte Pinakothek München). Auch *Albrecht Dürer* hat mehrfach Pudel in seinen Bildern festgehalten (um 1500).

In der Literatur läßt sich ebenso so mancher Hinweis auf unsere Rasse finden: Der englische Naturforscher *J. Cajus* schildert Anfang des 16. Jahrhunderts seinem schweizer Freund *C. Gesner* (1516–64) einen *»Waterspagnelle«,* den er *»canis aviarius aquaticus«* (s. S. 6) nennt. Er beschreibt ihn so: »Der Wasservogelhund, welcher zur Jagd in den Gewässern benützt wird, wozu er von Natur

Herkunft

aus so beanlagt ist, dass er nur mehr wenig dressiert werden braucht. Er ist größer als die vorherbeschriebenen, auf dem Trockenen jagenden Vogelhunde und am ganzen Körper mit langen Haaren bedeckt. Ich habe ihn trotzdem abgebildet als von den Schultern bis zum Hinterteil, sogar bis zur Schwanzspitze geschoren; denn dies ist unser Brauch, weil er, von Haaren befreit, beweglicher und im Schwimmen weniger gehindert ist.«

Nun hört man über hundert Jahre nichts mehr von einem pudelähnlichen Hund.

1669 erschien in Frankfurt ein deutscher Auszug aus dem Gesner'schen Werk unter dem Titel »Allgemeines Tierbuch« von *Conrad Forrer.* Eine Abbildung zeigt einen sitzenden, langhaarigen und ungeschorenen Hund, der unserem heutigen Pudel sehr ähnlich sieht. Forrer beschreibt ihn so: »Der Wasserhund (. . .) ist ein sonderlich artiges und anmuthiges Tier und hat wunderlich holdselige Tugenden an ihm, gleich wie der Augenschein und die tägliche Erfahrung bezeugen. Unter diesen Hunden jagen etliche dem Biber, Ottern und wilden Enten nach: Andere aber, wenn etwas in das Wasser gefallen oder geworfen worden, so bringen und holen sie es wieder heraus.« Weiter heißt es, daß sie Füchse und wilde Katzen aus dem Rohr stöbern und Fasane, Schnepfen, Wasserhühner und andere Vögel mit Gewalt zur Flucht treiben.

Es ist anzunehmen, daß uns hier bereits ein echter Pudel beschrieben wird. Zum erstenmal wird neben seiner jagdlichen Veranlagung auch seine hervorragende Eignung als Gesellschaftshund betont.

Fleming schreibt 1719 in seinem Buch »Der vollkommene Teutsche Jäger«: »Es haben die Schäfer niedrige Mittel-Trieb-Hunde, welche zottlicht von Haaren sind, und kriegen solche Art aus nordischen Landen, sonderlich aus Issland, solche Issländer *Budel* nun werden mit einem Jagd-Hunde beleget, so fallen die Jungen von langen Ohren, zottlich von Haaren, welchen, damit sie besser schwimmen können, das grosse dicke Haar abgenommen, ihnen ein rechter Barth und Augenbrauen stehen gelassen und der Schwantz gestutzet wird, darum sie die Franzosen wegen ihres Barts *Barbet* nennen.«

Hier wird also die Studersche Annahme (Zürich 1901), daß die Abstammung des Pudels auf die Kreuzung von Jagdhunden und den zotthaarigen Schäferhund zurückzuführen ist, bestätigt. Professor Studer bewies aufgrund von eingehenden Untersuchungen an Resten vorgeschichtlicher Hunde, daß sich der Pudelschädel durch eine große Ausdehnung des Gehirntei-

les und eine hohe, gewölbte Stirn auszeichnet. Auch *Strebel* ist dieser Ansicht: ». . . da der Jagdhund diejenige Rasse war, der man durch Hinzufügung dieses Schäferhundes widerstandsfähigeres Haarkleid und vielleicht auch Größe anzüchten wollte, so ist das Jagdhundblut vorherrschend«.

Der »Budel«

Jetzt tauchen zum ersten Mal in naturwissenschaftlichen Beschreibungen, unter Stichen und Zeichnungen, die Namen »Budel« und »Budelhund« auf, die hergeleitet werden von »im Wasser budeln« (»buddeln«) oder »im Wasser pantschen«. (Die Neigung, ins Wasser zu gehen, haben unsere Pudel übrigens heute noch.) Der Pudel wird aber auch »Schütze«, »Spion« und »Taucher« genannt.

1746 erscheint *Heinrich Döbels* Werk »Jäger Praktica«. In einem Kapitel, das mit der Überschrift »Vom Pudel- oder Ungarischen Wasserhund« betitelt ist, heißt es: »Diesen möchte man wohl den Scharwentzel nennen, indem derselbe so gelehrig ist, dass er fast alles nachmacht und annimmt. Er lernt allerhand, dass man Spass mit ihm haben kann; besonders gehet er recht gut ins Wasser; wie ich denn auch dergleichen gehabt, die in das Eis gebrochen, und die Enten herausgehohlet haben. So er dressiert wird, stehet er auch vor Hüner, Hasen, und dergleichen recht fein. Im Suchen und Revieren ist er zwar nicht so rasch; als ein Hünerhund jedoch fleissig, und vor der Flinte recht wohl zu gebrauchen. Er ist seinem Herrn sehr getreu, und giebt Acht auf ihn. Im Sommer pflegt man ihn zu Scheren und werden von den Haaren Hüthe gemacht. Wenn man sie aber nicht schiert, so verfilzen die Haare, und die Flöhe vexieren sie auch sehr.«

Nun spricht man auch vom »großen Budel« oder »Budelhund« und vom »kleinen Budel«. Letzterer sei zu allerhand Späßen aufgelegt und man könne ihn auch Trüffel suchen lehren, deshalb würde er auch »Trüffelhund« genannt. Der »kleine Budel« stammt aus einer Kreuzung des »großen Budels« mit dem spanischen Wachtelhund.

Die Pudel werden in den Farben Schwarz, Rot, Braun, Weiß und Gelb, aber auch sehr oft als Schecke beschrieben.

Das kluge und freundliche Wesen des Pudels verschaffte ihm bald Zutritt in die Häuser und er wurde zum Familienhund. Er zog mit dem Gauklervolk von Jahrmarkt zu Jahrmarkt und erfreute die Menschen durch die clownhafte Aufmachung seiner Frisur und seine Kunststückchen. Er wurde als abgerichteter »Wunderhund« bestaunt. Manschetten, Büschelchen, Quasten und Schleifchen im Haar, machten den früheren »Naturburschen« zum Modegimpel. Kriegsinvaliden verdienten sich mit dressierten Pudeln ihren kargen Lebensunterhalt. Von Deutschland aus kam er als Begleiter der Soldaten auf Kriegszügen nach Frankreich, Italien, Spanien, in die Niederlande und bis nach England. Das Stammland des Pudels ist also der europäische Kontinent.

Die äußere Erscheinung des »historischen« Pudels

Zur Zeit des *Rokoko* (1720—1775) trugen die Pudel eine sogenannte »Weste«: Während die Hinterhand des Pudels geschoren wurde, beließ man die vordere Hälfte mit Haaren. Die Vorderläufe blieben meistens ungeschoren. Falls sie dennoch gekürzt wurden, geschah dies bis zur Hälfte oder bis zur »Weste«. Krausen und Röllchen verzierten die Vorderbeine. Das Stehenlassen von Haarbüscheln

Pudel aus der ersten Hälfte des 19. Jahrhunderts

auf den abgeschorenen Stellen des Hundekörpers in der Nähe der Rute, der Lenden, auf der Kruppe, galt als sehr apart. Die Röllchen an den Hinterläufen waren nicht selten in drei Etagen übereinander angeordnet (heutiger *Englischer Saddle-Clip*).

Nicht jeder Pudel war kupiert. Die nichtkupierte Rute zierte eine »Fahne« (Behaarung an der Rute), deren Haare fast bis auf die Erde reichten. Die kupierte Rute hingegen schmückte eine Quaste. Viele Pudel trugen das Kopfhaar lang und herabfallend, das oft mit einem Band zusammengehalten wurde. Die Standard- oder Klassische Schur, heute »Alte Schur« genannt, entstand also schon in früheren Zeiten und wird ihre Position, trotz pflegeleichterer Schurarten, weiterhin behaupten.

Auch in den letzten beiden Jahrhunderten haben Gelehrte, Literaten und Künstler dem Pudel einen Platz in ihren Werken eingeräumt. Für Ludwig van Beethoven war er ein treuer Begleiter, Goethe verewigte ihn in seinem »Faust« und Wilhelm Busch malte ein Bild, das den Philosophen Scho-

Schnürenpudel
um 1850

penhauer mit seinem Pudel bei einem Spaziergang zeigt. Von Jean Paul ist bekannt, daß er an die ihn anbetenden Damen Locken seines weißen Pudels verschenkte.
Um das Jahr 1850 ist ein plötzliches Absinken der Beliebtheit des Pudels zu verzeichnen. Der Pudel in seiner bisherigen »Aufmachung« wurde verdrängt, an seine Stelle trat der »Schnürenpudel« — allerdings nur für kurze Zeit. Denn aufgrund seiner aufwendigen und schwierigen Pflege konnte der Schnürenpudel sich nicht durchsetzen. (Die Schnüre entstanden durch spiralförmiges Drehen des abgestorbenen und nicht ausgekämmten Pudelhaares mit der nachwachsenden Wolle.) Warum die damaligen Pudelliebhaber ihren Vierbeiner plötzlich nur noch als »Schnürenpudel« sehen wollten, ist unverständlich. Jedenfalls ging die Pudelzucht stark zurück, und die Anzahl der Pudel wurde immer geringer.
Ein wesentlicher Faktor im Rückgang der Beliebtheit des Pudels aber waren die Importe englischer Rassehunde gegen Ende des 19. Jahrhunderts. Hierbei handelte es sich um kurzhaarige Hüte- und Vorstehhunde, die sich durch korrekten Bau und schönste Färbung des Haares auszeichneten. Die hochentwickelte englische Hundezucht weckte das Interesse für das »Neue«, und der damalige, in seinem Äußeren verwahrloste Pudel, konnte trotz seiner charakterlichen Vorzüge nicht gegen die Konkurrenz ankommen. Auch die Jäger zogen die kurzhaarigen, leichter zu pflegenden englischen Rassehunde dem Pudel vor.

Die ersten Pudelklubs

Um die Jahrhundertwende wurden die ersten Hundespezialklubs gegründet. Zu den jeweiligen Rassen gehörten jetzt nur noch Hunde mit bestimmter Abstammung und gleichartigen Merkmalen hinsichtlich des Gebäudes, der Größe, des Kopfes, des Behanges, des Haarkleides und des Wesens.
1893 schlossen sich in München Kenner und Liebhaber der Pudelrasse zusammen und gründeten den »Münchner Pudelklub«, der am 26. 7. 1904 als »Deutscher Pudel Klub e.V., Sitz München« in das Vereinsregister des Amtsgerichtes München eingetragen wurde. Es hieß: »Der Zweck des Klubs ist, die Ausbreitung des Pudels mit allen Kräften zu fördern und das Verständnis für seine Reinzucht und sachgemäße Pflege in immer weitere Kreise zu tragen.«

Hundespezialklubs um die Jahrhundertwende (Ausstellung)

Etwa zur gleichen Zeit entstand der »Württembergische Pudel-Klub«, der später in »Internationaler Pudel-Verein« umbenannt wurde. Damit begann auch die Festlegung der Rassekennzeichen (Standard). Eine Dachorganisation für das Hundewesen wurde ins Leben gerufen, welche heute noch unter der Bezeichnung »Verband für das Deutsche Hundewesen e.V.« (VDH) bekannt ist. 1936 wurde in Zusammenarbeit mit Frankreich der Standard planvoll umgestaltet und neu erlassen, der heute noch, von Ergänzungen abgesehen, gültig ist. Die Streitfrage, ob Deutschland oder Frankreich das Ursprungsland des Pudels sei, mußte entschieden werden. Der Vorsitzende der »Fachschaft für Pudel«, *Franz Bazille,* trat das Recht an Frankreich ab. Somit wurde Frankreich zum Ursprungsland des Pudels und blieb bis zum heutigen Tage standardbestimmend.

Der Pudel von heute

In den 20er Jahren wurde die Zucht der Zwergpudel planvoll aufgebaut und erreichte einen hohen Stand. Der Pudel bekam eine neue »Frisur«, den *»Karakul-Schnitt«*. Dies ist ein sportlicher Haarschnitt mit kurzgeschnittenem Rückenhaar und reichlich Wolle an den Beinen. Die Fransen an den Ohren und die Quaste der kupierten Ruten werden abgenommen, der Kopf wird nach Aussehen des Karakulschafes geschnitten, ein großer Bart bleibt stehen. Mit dieser Schur erregte der Pudel überall Aufsehen und fand viele Liebhaber. Im Dritten Reich wurde diese Aufmachung als »undeutsch« verboten.

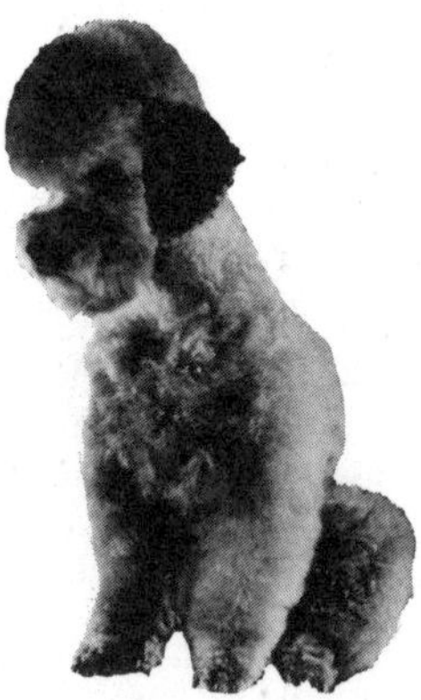

Pudel im »Karakulschnitt« (heute kaum mehr angewendet)

Nach dem 2. Weltkriege war nur noch ein geringer Pudelbestand nachweisbar. Die Zucht wurde wieder aufgebaut und verbessert. Aus dem Ausland, besonders aus England, wurde gutes Zuchtmaterial zurückgeführt. Die moderne Schur, der »Karakul-Schnitt« konnte sich nun unangefochten durchsetzen. Die Pudelzucht nahm enormen Aufschwung, der Pudel wurde zum beliebtesten Begleithund unter den Hunderassen. Aus England wurden als Neufarbenpudel Silber- und Apricotpudel importiert und mit ihnen gezüchtet. Die »Modeschur« (heute: »Neue Schur«) löst den »Karakul-Schnitt« ab. Dabei sind die Behänge mit langen Fransen bedeckt, das fein säuberlich ausgeschnittene Gesicht schmückt ein kleiner Bart an den Oberlippen und am Unterkiefer, die Rute wird geschoren, eine Quaste ist zulässig. Die Pfoten sind ausgeschoren. Vom Körper zu den buschigen »Hosenbeinen« verläuft das egalisierte Haar ohne Abstufungen. Diese Schur wurde 1963 von der FCI anerkannt. Die »Alte Schur«, früher »Standard«- oder »Klassische Schur« genannt, und seit kurzem auch der »Englische Saddle Clip« (»Englische Schur«), sind ebenfalls im Standard des Pudels festgelegt.

Vom Wesen des Pudels

Den Pudel mit nur ein oder zwei Schlagworten charakterisieren zu wollen, reicht nicht aus. Dazu ist er zu vielseitig. Er ist ausdauernd und robust, stets munter und fröhlich, freundlich, anhänglich und treu, wachsam und leicht erziehbar. Intelligent und geschickt, wie er ist, wird er schnell zum Erfinder von Kunststückchen, zum Spaßmacher, ja zum Clown. Er will als Persönlichkeit behandelt werden, ist eitel und eingebildet. Er besitzt eine rechte Portion Ehrgefühl, Anmut, Charme und Würde; Angriffslust ist ihm fremd, eher verhält er sich zurückhaltend. Außerdem ist er anpassungsfähig, liebenswert und quicklebendig bis ins hohe Alter.

Der schweizer Gelehrte *Peter Scheitlin* (1779–1848) beschreibt das Wesen des Pudels so treffend, daß ich ihn hier zitieren möchte: »Der vollkommenste Hund ist der Pudel, und was Gescheidtes und Braves am Hunde gerühmt wird, bezieht sich vereint auf ihn. [. . .] Jeder Pudel ist eine förmlich ausgebildete, abgeschlossene, selbständige Psyche, von äußern Umständen teilweise unabhängig. Er hat Eigenheiten, Sonderbarkeiten, Unerklärbarkeiten, Originalitäten, Genialitäten. Ohne Anleitung ist er schon viel und wird er viel. Er lehrt sich selbst, ahmt den Menschen nach, drängt sich zum Lernen, liebt das Spiel, hat Launen, setzt sich etwas in den Kopf, will nichts lernen, tut dumm, empfindet Langeweile, will tätig sein, ist neugierig, kennt Mienen- und die Augensprache u.s.w. Eigenwillig können einige allen Schmerz überwinden, andere nicht hassen, andere nicht lieben, einige können verzeihen, andere nie.

Sie können [. . .] zu Hilfe eilen, Mitleid fühlen, lachen und weinen oder Thränen vergiessen, vor Freude jauchzen, aus Liebe zum verlornen Herrn trauern, hungern, verhungern, alle Wunden für ihn verachten, den Menschen ihresgleichen weit vorziehen und alle Begierde vor den Augen ihres Herrn im Zügel halten oder schweigen machen. Ehrfühlig kann sich der Pudel schämen. Er kennt Raum und Zeit vortrefflich, kennt Stimmen, den Ton der Glokke, den Schritt seines Herrn, die Art wie er klingelt. [. . .] In allen anderen Hundarten ist noch mehr Trieb, in ihm aber mehr Intelligenz. [. . .] Der Pudel ist von Natur aus gut. Jeder schlechte ist durch Menschen schlecht gemacht worden.«

Überlegungen vor der Anschaffung

Bereitschaft und Verzicht

Die Anschaffung eines Pudels sollte zu verschiedenen Überlegungen führen. Ein Pudel ist kein Gebrauchsgegenstand, den man bei Nichtgefallen wieder veräußert oder abgibt. Mit dem Kauf eines Pudels übernehmen Sie die Verantwortung für ein Lebewesen. Diese Verantwortung besteht in einer sachgemäßen und gewissenhaften Behandlung des Tieres während seines ganzen Lebens. Bevor Sie sich also einen Pudel nach Hause holen, sollten Sie sich folgende Fragen stellen:
Sind Sie bereit, zehn bis oftmals fünfzehn Jahre diese Verantwortung zu tragen? Wird der Platz in der Familie diesen langen Zeitraum hinweg für den Pudel erhalten bleiben? Falls Sie alleinstehend sind: Haben Sie eine Ersatzperson, die sich um den Hund kümmert, wenn Sie erkranken? Wird diese Person den Pudel versorgen, wenn Sie unbedingt verreisen müssen? Sind Sie in der Lage, den Pudel ordnungsgemäß zu füttern und zu pflegen und die Kosten für Futter und Schur zu übernehmen? Werden Sie den Pudel bei Krankheit zum Tierarzt bringen, auch wenn Ihnen dies finanziell schwer fällt? Werden Sie bereit sein, ihn gesundzupflegen und viele Stunden, auch Nachtstunden, dafür zu opfern? Werden Sie gewillt sein, ihn jeden Tag mehrmals, auch bei Wind und Wetter, auszuführen? Welche Lösungen gibt es, wenn Sie in Urlaub fahren wollen? Sind Sie bereit, Ihre Urlaubsziele »hundegemäß« planen zu wollen? Werden Sie persönliche Gewohnheiten umstellen oder sogar auf sie verzichten können, nur weil Sie jetzt einen Hund im Hause haben? Werden Sie auf Freunde verzichten wollen, die nicht tierlieb sind? Werden Sie eine Einladung absagen können, weil Ihr Pudel sich gerade nicht wohl fühlt? Werden Sie auf das spannende Ende eines Krimis verzichten können, weil Ihr Vierbeiner ausgerechnet jetzt dringend hinaus muß?
Wenn Sie für all dies die nötige Liebe, Zeit, Geld und die Bereitschaft auf Verzicht aufbringen können und wollen, dürfen Sie sich ein pudeliges Wollknäuel nach Hause holen.

Vorüberlegungen

Finanzielle Belastungen

Mit dem Kauf eines Pudels kommen zum Anschaffungspreis noch weitere finanzielle Belastungen auf Sie zu. Sie brauchen Halsband und Leine, Kamm und Bürste, zwei Futternäpfe und eine Lagerstätte. Bedenken Sie bitte ebenso, daß der Pudel alle vier bis sechs Wochen eine Schur benötigt. Sicherlich werden Sie ihn zunächst zu einem fachkundigen Pudelfriseur bringen, wo Sie ihn auch in Zukunft baden und scheren lassen können. Wenn Sie das Baden und Scheren selbst erledigen wollen, gehören dazu einige Vorkenntnisse, Geschick und Geduld.
Zu den Kosten für Impfungen und Tierarztrechnungen kommt noch die Hundesteuer, deren Höhe in den Gemeinden unterschiedlich hoch ist. Diese Steuer wird immer dem Hunde*halter* abverlangt. (Sie können Ihren Pudel also nicht bei Freunden in der Nachbargemeinde anmelden, weil dort die Hundesteuer billiger ist.)
Weiterhin müssen Sie für Fütterungskosten aufkommen, die je nach Größe des Tieres unterschiedlich ausfallen. Das Geld für eine Haftpflichtversicherung sollten Sie nicht scheuen, denn auch der kleinste Hund kann einen Unfall verursachen — und als Hundehalter haften Sie für den Schaden.

Die Haltung

Es versteht sich eigentlich von selbst, daß der Pudel ein »Haushund« und sehr auf den Menschen fixiert ist. Für eine Zwingerhaltung ist er daher nicht geeignet und würde sehr darunter leiden, nicht immer in Ihrer Nähe sein zu können. In Ihrer Wohnung wählen Sie für ihn einen geeigneten Ort, wo er sich, geschützt vor Zugluft, auf seinem »Plätzchen« ausruhen kann. Ansonsten ergibt es sich sehr schnell, wo Ihr Pudelchen sich am liebsten aufhält: nämlich dort, wo Sie sind!
Wenn Sie zur Miete wohnen, müssen Sie auf jeden Fall mit Ihrem Vermieter die Haltung des Pudels abklären, was am besten durch einen schriftlichen Zusatz zum Mietvertrag erfolgt. Ist die Erlaubnis zur Hundehaltung einmal erteilt, kann sie nicht ohne weiteres wieder rückgängig gemacht werden. Sprechen Sie auch mit den anderen Hausbewohnern über Ihren neuen Hausgenossen. Sicherlich bekommen Sie keine Schwierigkeiten, wenn Ihr Vierbeiner nicht gerade unnötig viel bellt. Ein Hund darf anschlagen, also durch kurzes Bellen Besuch melden, oder auch auf unliebsame Gäste hinweisen. Dauernd kläffen sollte er nicht, aber dazu ist der Pudel ohnehin nicht veranlagt. Wenn sich die ande-

ren Mieter im Haus nicht gestört fühlen, wird auch der Vermieter kaum etwas gegen die Hundehaltung einzuwenden haben, es sei denn, er ist kein Hundefreund und untersagt die Tierhaltung grundsätzlich.

Was für ein Pudel soll es sein?

Welche Größe?

Je nach Wohnverhältnissen, Ihrem Alter und Ihrer Sportlichkeit angemessen, werden Sie sich für eine bestimmte Größe des Pudels entscheiden.
Wenn Ihre Wahl auf einen *Großpudel* (Königspudel) fällt, sollten Sie bei Ihrem Haus einen Garten oder Hof haben, in dem der Pudel reichlich Bewegung findet. Da der Großpudel viel Auslauf braucht, müssen Sie ihn natürlich auch noch zusätzlich ausführen. Großpudel eignen sich vortrefflich als Wach- und Begleithund, aber auch als Schutzhund.
Fällt Ihre Wahl auf einen *Kleinpudel* (auch Mittelpudel genannt), erhalten Sie einen angenehmen Begleithund, der nicht so viel Platz braucht wie ein Großpudel. Seine gesamte Haltung ist einfacher: die Pflege macht weniger Arbeit, die Fütterungskosten sind geringer.
Die Mehrzahl der Pudelfreunde neigt dazu, sich einen *Zwergpudel* anzuschaffen. Er ist ein nicht minder würdiger Vertreter seiner Rasse und ein freundlicher Begleithund, der selbst auf langen Spaziergängen nicht müde wird. Probleme beim Betreten eines Geschäftes oder der Benutzung eines öffentlichen Verkehrsmittels gibt es mit ihm nicht: Sie nehmen Ihren Vierbeiner einfach auf den Arm. Die Nahrungsansprüche sind der Quantität nach geringer, die Pflege ist leichter und vom Bewegungsaufwand her ist er sehr geeignet für ältere Menschen. Die oftmals aufgestellte Behauptung, Zwergpudel seien sehr empfindlich, stimmt nicht. Sie sind genauso robust wie ihre größeren Artgenossen und erreichen häufig ein Alter von 14—15 Jahren.
Zu den Kleinsten zählt der *Toypudel,* der ebenfalls bis ins hohe Alter vital und quicklebendig bleibt.

Soll es ein Rüde oder eine Hündin sein?

Das ist wohl eine der schwierigsten Entscheidungen, die Sie zu treffen haben. Man sagt, der *Rüde* sei ein größerer »Draufgänger« und impulsiver als die Hündin. Erfahrungen zeigen, daß

das auch manchmal umgekehrt sein kann. Durch die ausgeprägte Menschenbezogenheit des Pudels, ist auch der Rüde sehr anhänglich, wenn auch vielleicht nicht ganz so sensibel und sanft wie die Hündin. Der Rüde will überall seinen Bereich »abstecken« und hebt beim Ausführen das Bein (nach der Geschlechtsreife). Wird ein Rüde sich selbst überlassen, was bei Pudeln glücklicherweise kaum vorkommt, würde er genau so herumstromern wie Nachbars Promenadenmischung und dem »Duft« der läufigen Hündinnen folgen.

Eine *Hündin* setzt sich beim Ausführen meistens nur einmal, um ihr »kleines Geschäftchen« zu verrichten. Anders ist es vor und während der Läufigkeit, da setzt sie ihre »Duftnote« öfter, um die Rüden auf sich aufmerksam zu machen. Hündinnen werden zweimal im Jahr läufig oder »heiß«. Die erste Läufigkeit oder »Hitze« tritt mit der Geschlechtsreife (8.—12. Monat) ein. Sie dauert drei Wochen. Während dieser Zeit muß auf die Hündin sehr geachtet werden, damit es nicht zu einem ungewollten Deckakt kommt. Besonders zwischen dem 9. und 14. Tag ist sie geneigt, Rüden anzunehmen, aber auch später ist noch Vorsicht geboten. Während der Hitze sondert die Hündin blutigen Schleim aus der Scheide ab. Um Verschmutzungen in der Wohnung zu vermeiden, können Hündinnen »Hygienehöschen« tragen, die in Pudelsalons oder Fachgeschäften für Hundeartikel in verschiedenen Größen erhältlich sind. Die Hündin muß aber dennoch Gelegenheit haben, sich zu putzen, was sie dann sehr intensiv tut. Wer zu einer »Pudeldame« tendiert, wird sich durch diese Unannehmlichkeiten nicht abbringen lassen.

Sollten Sie züchterisches Interesse haben, steht Ihre Entscheidung, Rüde oder Hündin, ja schon von vornherein fest.

Welche Farbe?

Der Pudel wird laut Standard in fünf Farben gezüchtet: Schwarz, Weiß, Braun, Silber und Apricot. Da fällt die Wahl sicher schwer, sich für eine Farbe zu entscheiden, wobei hier auch guter Rat teuer ist, da dies doch immer eine Geschmackssache bleibt. Es sollte aber erwähnt werden, daß weiße Pudel nicht schneller schmutzig werden als andersfarbige, wie dies manche Leute vermuten, da der Schmutz sich ausbürsten läßt. Hellfarbige Pudel werden demnach auch nicht häufiger gebadet als dunkelfarbige.

Welches Alter?

Am besten ist es, einen Welpen mit acht bis zehn Wochen zu kaufen. In diesem Alter werden sie auch von den meisten Züchtern abgegeben. Denn das ist die Zeit der »Sozialisierungsphase«: Der junge Hund beginnt zu lernen und schließt sich einem »Herrn« an, wodurch Sie die schöne Aufgabe erhalten, Ihren Pudel selbst zu erziehen und sein Heranwachsen und Reifen erleben können.
Wenn Sie ein älteres Tier übernehmen, kann es Schwierigkeiten mit der Einordnung in die neue Umgebung geben. Der Pudel ist auf jeden Fall auf seinen ersten Herrn eingestellt und wird ihn nicht so schnell vergessen. Sie werden viel Liebe und Geduld aufbringen müssen, um den Hund an sich zu gewöhnen. Fragen Sie den Vorbesitzer nach Haltung, Fütterung, Gewohnheiten und dem Umgang mit dem Hund.

Hund und Kind

Viele Pudel werden von Ehepaaren gekauft, wenn die Kinder aus dem Hause gehen, der Pudel ist sozusagen »Kinderersatz«. Aber es gibt auch andere Fälle. Ist er ein Geschenk für das Kind, hat die Mutter mit ihm noch ein weiteres »Kind« zu versorgen.
Kleinkinder bis zu vier Jahren sind nicht unbedingt die besten Spielgefährten für einen Hund. Sie sind noch unvernünftig und können das Tier unbeabsichtigt quälen. Da obliegt es der mütterlichen Fürsorge, auf das Verhalten des Kindes einzuwirken. Dem Sprößling sollte verständlich gemacht werden, daß der Hund ein lebendiger Freund ist, der aber nicht gedrückt und festgehalten werden will wie eine Puppe oder der Teddybär. Dagegen wird er sein Unbehagen kundtun und sich mit Knurren oder sogar Zähnefletschen wehren. Das Kind muß begrei-

fen, daß es den vierbeinigen Freund nicht in seiner Bewegungsfreiheit einschränken und ihn auch nicht in seiner Ruhe stören darf, sei es beim Schlaf, oder um in Ruhe seinen Freßnapf zu leeren oder gerade an einem Knochen zu nagen. Pflichten kann ein Kind in dieser Altersstufe jedoch noch nicht übernehmen.

Ab schulpflichtigem Alter ist dies schon etwas anderes. Jetzt kann das Kind schon einige Aufgaben dem Tier gegenüber erfüllen, indem es den Pudel ausführt, für eine saubere Wasserschüssel sorgt, ihm frisches Wasser oder den Futternapf reicht und mit ihm in vernünftiger Weise spielt. Die Futterzubereitung und die Pflege des Pudels wird das Kind aber noch nicht verantwortlich übernehmen können, dafür muß ein Erwachsener der Familie zuständig sein, meistens ist es die Frau des Hauses.

Eines muß man bei Kindern immer bedenken: zu viel auferlegte Pflichten erzeugen Abneigung, auch einem Tier gegenüber!

Jugendliche können schon eher einen Hund eigenverantwortlich versorgen. Aber durch Schulbesuch oder Berufsausbildung und andere Interessen kann die Regelmäßigkeit und Zuverlässigkeit der Pflege oft nicht eingehalten werden, der Hund bleibt wohl ihr Freund, der aber von der Mutter, teils auch vom Vater, versorgt werden muß.

Ein Kind, das mit einem Hund aufwächst, wird auf jeden Fall erfahren, daß man einem Tier gegenüber Verantwortung tragen muß, was sicher ein Gewinn für das ganze spätere Leben ist. Oftmals wird von ärztlicher Seite aus empfohlen, für das Kind einen Hund zu halten, denn vor allem bei schüchternen, ängstlichen oder gehemmten Einzelkindern kann der Hund dazu beitragen, mit anderen Kindern in Kontakt zu kommen. Außerdem kann der Hund für das Kind in manchen Situationen, z. B. wenn es sich unverstanden und verlassen fühlt, ein Tröster sein. Für das Kind, das abends alleine in der Wohnung bleiben muß, ist der vertraute Hund ein Beschützer, der ihm hilft, die Ängste zu vertreiben.

Bei genügend Pflege und Sauberkeit besteht übrigens keine Gefahr für ansteckende Krankheiten. (Häufiges Händewaschen, sich vom Hund nicht abschlecken lassen!) Für den Menschen ist eine Impfung gegen Wundstarrkrampf (Tetanus) angebracht, für den Hund alle Impfungen, die im folgenden noch aufgezeigt werden.

☆

Vorüberlegungen

Wo kaufe ich einen Pudel?

Am besten bei einem Züchter, der Mitglied eines im VDH (Verband für das Deutsche Hundewesen e.V.) anerkannten Zuchtverbandes ist, bei dem Sie auch die Mutter der Welpen, eventuell auch den Vater, gezeigt bekommen. Züchter, die aus Liebhaberei und mit Idealismus viel Zeit für die Zucht der Pudelrasse opfern, unterstehen den Vorschriften einer Zuchtordnung, die sie einhalten müssen. Als Käufer haben Sie die Gewähr, von diesen Züchtern einen reinrassigen Pudel zu kaufen, der eine vom VDH anerkannte Ahnentafel erhält. Die Welpen werden von ehrenamtlich tätigen Zuchtwarten zwischen der 7. und 8. Lebenswoche begutachtet und tätowiert. Auch die ordnungsgemäße Aufzucht wird von diesen kontrolliert. Ab der vollendeten 8. Lebenswoche dürfen die Welpen abgegeben werden, sie sind dann entwurmt und schutzgeimpft.

Rassehundevereine des VDH lehnen den Handel mit Hunden grundsätzlich ab. Leider werden aber viele Rassehunde, auch Pudel, von gewissenlosen Züchtern zu niedrigen Preisen auf den Markt gebracht. Bei diesen Züchtern werden die Mutterhündinnen oft schlecht gehalten und bei jeder Hitze gedeckt. Die Welpen werden zu früh von der Mutter genommen, hatten nur wenig Kontakt zu Menschen und sind im Wesen oftmals gestört. In den meisten Fällen sind sie weder entwurmt noch schutzgeimpft und daher krankheitsanfällig oder bereits schwer erkrankt.

Was bedeutet »Standard«?

Als rassereine Pudel gelten nur die nach dem Standard der Rasse gezüchteten und in das zuständige Zuchtbuch eingetragenen Pudel. Der Standard stellt die von dem verantwortlichen Klub aufgestellte und von der FCI (Fédération Cynologique Internationale = Internationale kynologische Vereinigung) genehmigte Beschreibung des Idealtypus der Rasse in allen bzw. den wichtigsten Teilen des Körpers, des Äußeren und vereinzelt auch des Wesens dar. Fehlerangaben deuten an, was an den Vertretern der Rasse unerwünscht ist und abgelehnt wird. (Die Standardbestimmungen sind bei den Zuchtverbänden des VDH erhältlich.)

Seit der Gründung der FCI wird als Ursprungsland des Pudels Frankreich angegeben. Die Verhandlungsteilnehmer waren der Auffassung, daß der

Pudel ein direkter Nachkomme des »Barbet« sei, und wie schon erwähnt, hat Franz Bazille bei der strittigen Auseinandersetzung die Rechte an Frankreich abgetreten.

Lernen Sie den Pudel richtig sehen!

Korrekt	**Schlecht**
Korrekte Haltung	Schlechte Haltung
Kopf stolz hochgetragen	Kopf vorgestreckt
Gerader, gestreckter Rücken	Karpfenrücken
Langer Fang	Kurzer Fang
Mandelförmige Augen	Runde, große Augen
Tief angesetzter, langer Behang	Zu hoch angesetzter, kurzer Behang
Tiefer Brustkorb	Flacher Brustkorb
Gerade, nicht abfallende Kruppe	Abfallende Kruppe
Hoch getragene Rute	Eingezogene Rute
Richtig gewinkelte Hinterhand	Schlecht gewinkelte Hinterhand

Korrekt

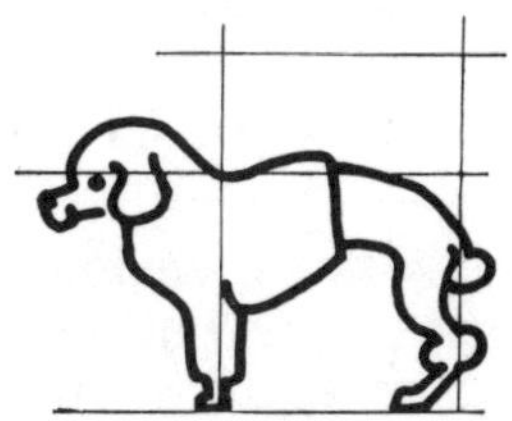

Schlecht

Der abgeschorene oder nasse Pudel hat die Form eines Jagd(Vorsteh-)hundes.

Der Kauf

Worauf ist bei der Auswahl der Welpen zu achten?

Wenn Sie Ihr Hundekind abholen — was Sie nicht unbedingt alleine tun werden — läßt das Erscheinen fremder Menschen, deren Stimmen und Ausrufe die Welpen aufhorchen. Zuerst werden sie zurückhaltend und mißtrauisch sein, aber bald ist der Bann gebrochen und die kleinen Pudel tummeln sich ungeniert im Raum. Viele Käufer entscheiden sich spontan für jenen Welpen, der als erster auf sie zuläuft.

Wenn Sie vorhaben, den Pudel später einmal auf Ausstellungen zu bringen oder mit ihm zu züchten, werden Sie natürlich auf besondere Rassemerkmale und sichtbare Vorzüge achten. Der korrekte Züchter wird Sie hier beraten, Sie aber auch auf Mängel aufmerksam machen. Jeder Züchter wünscht sich typengleichen Nachwuchs, die Welpen eines Wurfes sind aber niemals ganz gleich, wenn auch nur kleinste Unterschiede bemerkbar sind, was das Gebäude, die Ohren, die Augen oder das Haarkleid betrifft. Im Wesen aber sind sie immer verschieden. Ein erfahrener Züchter, der die Zucht mit viel Liebe betreibt, weiß jedoch jeden der Welpen wesensmäßig zu beschreiben.

Die Größe
(Festgelegte Größen laut FCI)

Egal, für welche Größe eines Pudels Sie sich entscheiden, können Sie beim Kauf auf Größendifferenzen innerhalb der festgelegten Größennormen stoßen.

Sie können aus einem Zwergenwurf, dessen Welpen in der Größe unterschiedlich sind, den kleinsten Welpen auswählen und bekommen einen kleinen Zwerg. Entscheiden Sie sich für den kräftigsten und größten Welpen, egal ob Rüde oder Hündin, wird dieser Welpe die oberste Grenze des Zwerges erreichen oder sogar ein kleiner Kleinpudel werden. Wenn Sie dagegen Wert darauf legen, einen Zwerg mit Idealmaßen zu erhalten (Widerristhöhe 30 cm), tun Sie gut daran, die mittlere Größe zu wählen. Auch hier wird Sie der erfahrene Züchter beraten. In einem Wurf kann es aber auch »Zufallsprodukte« geben. Es kommt vor, daß in einem der Größe nach ausgeglichenen Wurf von Kleinpudeln ein einziger Zwerg fällt, oder umgekehrt

	Widerristhöhe
Großpudel	über 45 cm bis 60 cm
Kleinpudel	über 35 cm bis 45 cm
Zwergpudel	über 28 cm bis 35 cm (Toleranzgrenze bis 2 cm unter 28 cm)
Toypudel	unter 28 cm (Antrag auf Anerkennung bei der FCI gestellt.)

im Zwergenwurf ein großer Welpe vorkommt, der sich später zu einem typischen Kleinpudel entwickelt. Bei den Großpudeln ließ sich in den letzten Jahren beobachten, daß diese fast immer die oberste Größengrenze erreichen.

Natürlich sind die Pudelzuchtverbände bestrebt, die Idealgrößen (Großpudel: 56 cm, Kleinpudel: 40 cm, Zwergpudel: 30 cm, Toypudel: 25 cm) durchschlagend zu züchten, aber Mutter Natur schlägt da oft ein Schnippchen. Sollten Sie einmal selbst züchten wollen, achten Sie darauf, daß die gekaufte Hündin aus einem größenmäßig ausgeglichenen Wurf stammt und ihre Vorfahren kaum Größendifferenzen aufweisen. Diese sind in den Ahnenpässen der Elterntiere oder im Zuchtbuch nachzulesen.

Das Gebiß

Beim korrekten Welpengebiß muß die Kieferstellung eine sog. »Schere« bilden (Scherengebiß). Vor- und Überbiß sind fehlerhaft, Zangengebiß kann toleriert werden. Insgesamt zählt das Welpengebiß 28 Zähne, und zwar im Ober- und Unterkiefer je 6 Schneidezähne, je 2 Fangzähne und außerdem die Prämolaren (vordere Backenzähne) 2, 3 und 4, oben und unten, links und rechts.

Nach dem Abzahnen, im Alter von ca. 7 Monaten, weist das bleibende Gebiß 42 Zähne auf: Im Oberkiefer auf jeder Seite 10=20 Zähne, im Unterkiefer auf jeder Seite 11=22 Zähne. Der Prämolar 1 und die Molaren werden nicht gewechselt.

Kauf

Vom Milchgebiß zum bleibenden Gebiß

	Durchbruch im Alter von	Wechsel im Alter von
Schneidezähne	4—6 Wochen	3—5 Monaten
Haken- oder Fangzähne	3—5 Wochen	5—7 Monaten
Prämolar 1	4—5 Monaten	—
Prämolaren 2, 3, 4	4—7 Wochen	5—6 Monaten
Molar 1	4—5 Monaten	—
Molar 2	5—6 Monaten	—
Molar 3	6—7 Monaten	—

Die Zähne werden nach einer einheitlichen Regel von vorne nach hinten gezählt, wobei nach der Zahnformel jeweils nur die Zähne einer Ober- und Unterkieferhälfte angegeben werden.

Zahnformel:

	I	C	P	M
Oberkiefer	1 2 3	1	1 2 3 4	1 2
Unterkiefer	1 2 3	1	1 2 3 4	1 2 3

Benennung der Zähne

Internationale Bezeichnung	Bezeichnung in Hundefachkreisen
I = Incisivus	Schneidezahn
C = Caninus	Haken- oder Fangzahn
P = Prämolar	Prämolar
M = Molar	Molar oder Backenzahn

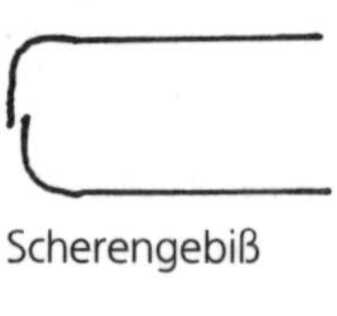

Scherengebiß

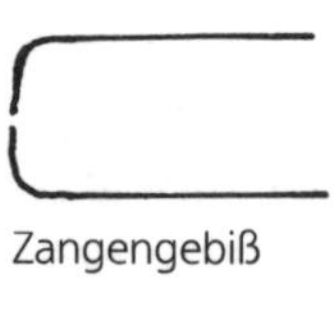

Zangengebiß

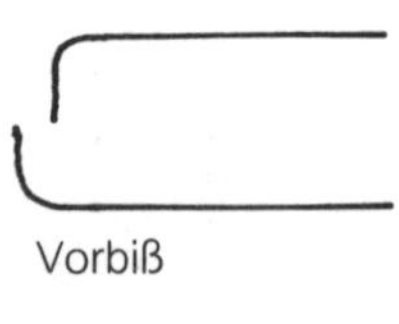

Vorbiß

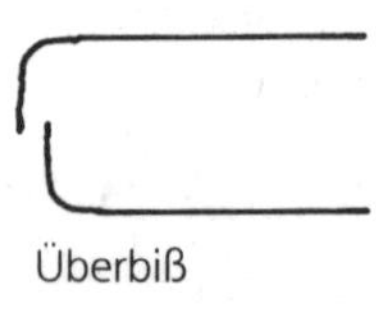

Überbiß

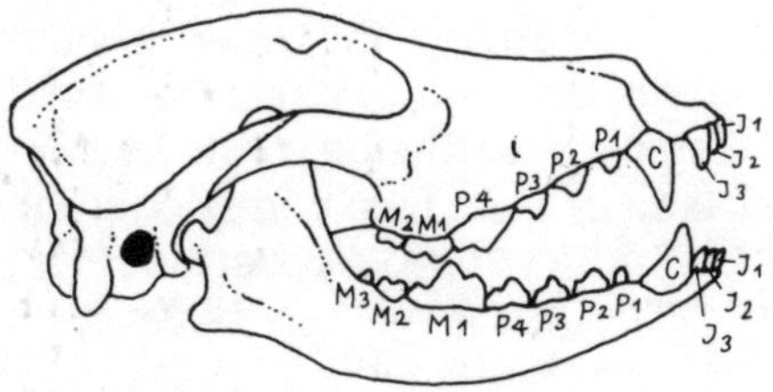

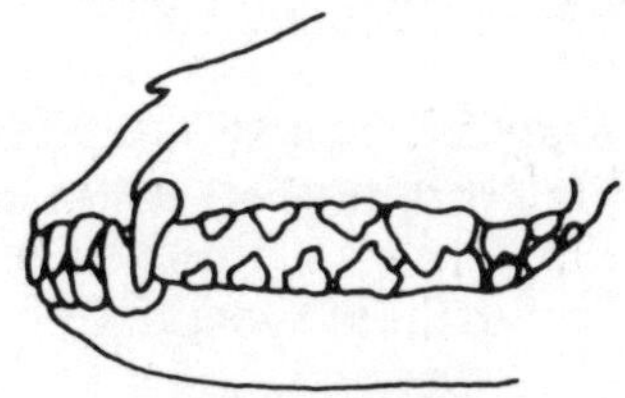

Korrektes Scherengebiß

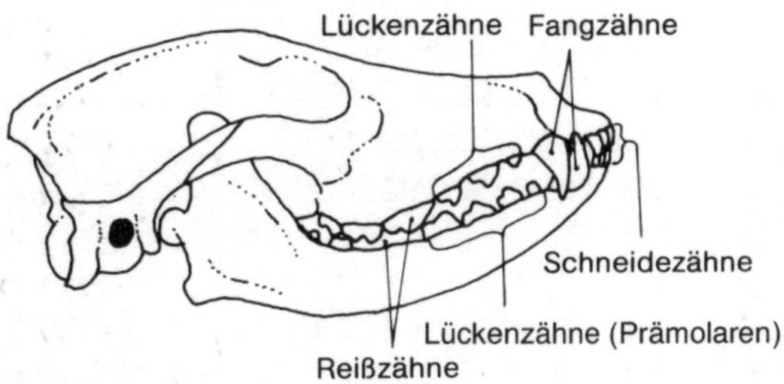

◀ Das Gebiß des Hundes

Die Augen

Die Augen sollen einen lebhaften Ausdruck haben. Sie sind am Stirnansatz (Stop) leicht schräg eingesetzt und mandelförmig. Ein rundes, leicht oder stark gewölbtes und dadurch vorstehendes Auge entspricht nicht dem Standard. Die Farbe des Auges ist bei den schwarzen, weißen, silber- und apricotfarbigen Pudeln schwarz oder dunkelbraun bis schwarz. Nur bei braunen Pudeln soll die Farbe dem dunkelbraunen Haarkleid angepaßt, also dunkelbraun oder dunkelbernsteinfarbig sein. Hellbernsteinfarbige Augen sind nicht erwünscht und auch nicht ansprechend.

Die Ohren (Behang)

Der Behang soll flach anliegend an den Wangen herabfallen und in der Länge mindestens den Mundwinkel erreichen oder länger sein. Er soll am unteren Ende abgerundet sein, was bei Silberzwergen nicht immer der Fall ist, hier läuft der Behang mehr zu einer Spitze aus. Auch das »Leder« ist bei Silberzwergen und weißen Zwergpudeln oft nicht so dick und fleischig wie bei den andersfarbigen. Der Behang ist mit Haaren bedeckt, die zu langen Fransen wachsen.

Kryptorchismus und Monorchismus

Mit *Kryptorchismus* (Verborgenhodigkeit) bezeichnet man einen Erbfehler bei Hunden. Im Normalfall liegen die Hoden des Rüden vor der Geburt noch in der Lendengegend und steigen oft erst nach der Geburt in den Hodensack hinab, was bis zur zehnten Woche eingetreten sein muß. Ist dies nicht der Fall, ist der Rüde ein *Kryptorchid.* Die Hoden sind in der Bauchhöhle oder im Leistenkanal steckengeblieben, es ist kein Hodensack vorhanden. Diese Rüden sind meist zeugungsunfähig, sie werden zur Zucht nicht zugelassen.
Monorchismus (Einhodigkeit) besteht dann, wenn nur ein Hoden im Hodensack vorhanden ist, der andere dagegen im Leistenkanal oder der Bauchhöhle verblieb. Monorchide Rüden sind zwar zeugungsfähig, werden aber trotzdem von der Zucht ausgeschlossen.

Kniescheibenluxation

Die Kniescheibenluxation ist eine Erbkrankheit, die einseitig oder beidseitig auftreten kann. Dabei springt die Kniescheibe aus ihrer Vertiefung, wenn die Bänder und die Gelenkkapsel gedehnt sind. Der Hund kann mit dem Bein nicht mehr auftreten und hat starke Schmerzen. Bei einer leichten Luxation lahmt der Hund, hier renkt sich oft die Kniescheibe von selbst wieder ein. Tritt die Luxation wiederholt auf, muß der Hund operiert werden. Der bekannte »Wechselschritt« beim Pudel weist auf eine Luxation hin. Wird bereits im Welpenalter eine Kniescheibenluxation festgestellt, so ist der Pudel von der Zucht ausgeschlossen, die Ahnentafel erhält den Vermerk »Zur Zucht nicht geeignet«. Manche Züchter lassen vor Abgabe der Welpen ein tierärztliches Gutachten erstellen, das bestätigt, daß die jungen Pudel frei von Kniescheibenluxation sind. Wird durch den Tierarzt eine leichte Luxation festgestellt, sollte verhindert werden, daß der Pudel laufend hochspringt oder (beim Leistungssport) die Hürden nimmt. Beim Ballwerfen auf glattem Boden, muß der Pudel beim Fangen des Balles zu stark abbremsen, wobei die Kniescheibe aus ihrer Lauffurche herausspringen kann.

Das Fell

Der Pudel besitzt »Kraushaar«, das füllig, wollig und von feiner Textur sein und elastisch dem Druck der Hand nachgeben soll. Bei *schwarzen Pudelwelpen* ist das Haarkleid lackschwarz gelockt, manchmal kann es auch

stumpf mit einem leicht braunen Schimmer sein. Dies weist darauf hin, daß Generationen vorher Paarungen zwischen schwarzen und braunen Pudeln vorgenommen wurden, was erlaubt war.

Weiße Pudelwelpen haben häufig eine sehr dichte Wolle, mit einem leichten Gelbton, der besonders an den Behängen vorkommt. Man nennt dies »gelben Anflug«, er verliert sich später ganz.

Das Haarkleid des *braunen Pudelwelpen* ist wollig gelockt und soll einen kräftigen, dunkelbraunen Farbton haben.

Silberpudel werden schwarz geboren. Bis zur achten Lebenswoche hellt die Unterwolle auf und das Haar wächst silbergrau nach. Ausgeschoren und für den neuen Besitzer zurechtgemacht, sehen die »Silbernen« sehr ulkig aus. Gesicht, Pfoten und die Haare um den Rutenansatz sind grau, das übrige Haarkleid ist anthrazitfarben. Die dunkle Wolle wird von Schur zu Schur gekürzt. Als Erwachsener ist der Pudel silber, grau oder silbergrau, der jeweilige Farbton sollte aber immer einheitlich sein.

Die *»Apricosen«* werden in verschiedenen Farbnuancen geworfen, die vom satten, leuchtenden Dunkelapricot bis zu helleren Apricotfarbtönen gehen. Auch hier sollte das Haarkleid jeweils farblich einheitlich sein.

Die Krallen

Die Krallen sollen schwarz sein. Manchmal sind sie bei Apricotpudeln dunkelhornfarbig bis dunkelbraun oder schwarz und bei den weißen hellhornfarbig bis schwarz. Schwarze Krallen bei weißen Pudeln sind natürlich »Spitze«. Ob die Krallen schwarz werden, erkennt man bei den weißen Pudeln an dem sogenannten »Aalstrich«, der sich längs der Kralle hinzieht. Silberpudel weisen manchmal einzelne weiße Krallen auf.

Die Pigmentation

Pigmentation (Farbstoffablagerung) findet man am intensivsten an den Augenlidern, dem Nasenspiegel, den Lefzen, dem Zahnfleisch, dem Gaumen, den Schleimhäuten, an natürlichen Öffnungen, dem Hodensack und den Ballen. Sie muß schwarz bei schwarzen, weißen und silberfarbenen Pudeln, dunkelbraun bei braunen und in allen Arten des Dunkelbraun bis zum Schwarz gehend bei den »Apricosen« sein.

☆

Erwerb eines fehlerhaften Pudels

Sofern Sie keine züchterischen Ambitionen haben, können Sie ohne weiteres auf ein nicht ganz »perfektes« Pudelchen zurückgreifen.
Als Fehler zu bezeichnen wäre der Vor- und Überbiß, (das Zangengebiß beim Welpen kann sich zum korrekten Gebiß entwickeln), fehlende Schneidezähne, uneinheitliche Haarfarbe, fehlfarbige Pudel (hellbeige, cremefarbig, mausgrau), das bereits erwähnte Fehlen der Hoden oder Einhodigkeit, und die Kniescheibenluxation.
Obwohl diese Pudel reinrassig sind, werden sie auf Grund dieser Fehler nicht zur Zucht zugelassen, was bereits in der Ahnentafel des Welpen mit »Zur Zucht nicht geeignet« vermerkt wird. Der gewissenhafte Züchter wird Sie auf den jeweiligen Fehler aufmerksam machen und Ihnen einen Preisnachlaß gewähren. Das korrekt entwickelte bleibende Gebiß hebt ein Zuchtverbot auf.

Krankhafte Anzeichen

Ein aufgeblähter Bauch weist auf Wurmbefall hin, aber auch Mattigkeit und schlechter Ernährungszustand können hierfür ein Hinweis sein. Vorsicht ist bei Husten geboten, es kann sich um den infektiösen Zwingerhusten handeln. Wenn sich die Behänge (Ohren) am Rand verdickt und krustig anfühlen, ja sogar stark angeschwollen sind und der Welpe sich häufig kratzt, liegt Milbenbefall vor. Bei starker Ohrenentzündung ist der äußere Gehörgang mit dunkelbrauner Absonderung (Ohrenschmalz) schmierig oder sogar verkrustet. Trübe, verklebte Augen und eine laufende Nase weisen auf einen sehr schlechten Gesundheitszustand hin. Achten Sie darauf, daß der Hund weder aus den Ohren, noch aus dem Fang unangenehm riecht. Das Hochziehen eines Hinterlaufes läßt eine Kniescheibenluxation erkennen.

Die Entwicklungsphasen des Welpen

Sie werden beim Heranwachsen Ihres Pudels manche Auffälligkeiten beobachten, die Sie besser verstehen werden, wenn Sie Grundlegendes über die Entwicklungsphasen des Hundes wissen. Verhaltensforscher Eberhard Trumler unterscheidet folgende Phasen:

1. und 2. Woche (Vegetative Phase)
Angeborenes Verhaltensinventar von erster Lebensminute an: Strampeln, Maulöffnen, Rufen, Im-Kreis-Kriechen, Suchpendeln, Fellbohren, Milchtritt, Abstemmen, Lecksaugen, Geruchsprägung an Zitzen, keine sozialen Kontakte, kein Umweltbezug, kein Lernen.

3. Woche (Übergangsphase)
Riechleistung nimmt zu; Augen und Ohren öffnen sich zwischen 9.–16.

Tag; Seh- und Hörfähigkeit zwischen 19.–21. Tag. Erster Umweltbezug, erstes Kennenlernen von Mutter und Geschwistern, Kriechlaufen.

4. bis 7. Woche (Prägungsphase)
Wichtigste Entwicklungsphase; Reifen der arteigenen Bewegungs- und Ausdrucksweisen; volle Sinnesleistung; Durchbruch erster Milchzähne; feste Nahrung zusätzlich; Neugierde und Lerntrieb; angeborene Lernbegabung; im Vordergrund stehen Beißspiele, Kampfspiele, Bewegungsspiele. Erste Eingliederung in die Gemeinschaft erfolgt über Prägungsvorgänge, ebenso die erste Bindung an den Menschen; Hunde ohne menschlichen Kontakt in dieser Zeit bleiben für immer scheu! Erkunden der nahen Umgebung unter starker Heimbindung. Absetzen zwischen Beginn der 7. und Ende der 8. Woche.

8. bis 12. Woche (Sozialisierungsphase)
Weitere Entwicklung des Sozialverhaltens im Spiel, häufigere Spiele des Nahrungserwerbs und Meutespiele, sexuelle Spiele, Hundeeltern erziehen die Welpen. Erkunden der weiteren Umgebung, geringere Heimbindung. Jetzt muß die Mensch-Hund-Beziehung ausgebaut werden; Welpen wenigstens kurzfristig von Geschwistern trennen; Einführen in die menschliche Umwelt; Erziehung zur Reinlichkeit! Erstes spielerisches Lerntraining legt künftige Lernfreudigkeit fest; Aufbau der »Mensch-Hunde-Meute«, andernfalls ist der Hund mehr an Hundekontakte gebunden; Mensch als disziplinierter Meute- und Eltern-Kumpan.

13. bis 16. Woche (Rangordnungsphase)
Lösung von der Eltern-Heimbindung im Freileben. Weiteres Umherstreifen, Lausbubenalter; Austragen von Rangordnung untereinander. Jetzt muß Vorherrschaft des Menschen als Rudelführer durchgesetzt werden. Übergang vom Spiel zum disziplinierten Verhalten. Täglich 15 Minuten kleine Gehorsamsübungen (Unterordnung) langsam ausbauen.

5. bis 6. Monat (Vorpubertätsphase)
Neigung zur Selbständigkeit, oft Erziehungsschwierigkeiten. Bildung fester Partnerschaften.

7. bis 12. Monat (Pubertätsphase)
Dauer rasseabhängig; mit erster Läufigkeit der Hündin Phase abgeschlossen; Beinheben des Rüden; Deckfähigkeit setzt ein. Beginn der Ausbildung.

Im neuen Heim

Eingewöhnung

Beim Abschied vom Züchter spürt der Welpe genau, daß etwas Neues, noch nicht Erkennbares, mit ihm geschieht, was seine sprechenden Augen verraten. Nehmen Sie ihn daher schützend auf den Arm. Nach der ersten Autofahrt, bei der Sie ihn auf ihrem Schoß sitzen haben und er sich wahrscheinlich ruhig verhält, tragen Sie ihn in Ihre Wohnung und zeigen ihm Raum für Raum, wobei Sie beruhigend auf ihn einreden. Danach setzen Sie ihn an seinen Lagerplatz oder in sein Körbchen und zeigen ihm, wo seine Futter- und Wasserschüsselchen stehen. Vielleicht wird er Durst haben und bereits trinken.
Stören Sie ihn nicht dabei, wenn er seine ersten Erkundigungen in der Wohnung anstellt und da und dort schnuppert, denn alles ist neu für ihn. Lassen Sie den jungen Pudel erst mal mit sich selbst fertig werden. Bewahren Sie Ruhe, reden Sie nicht laut auf ihn ein, klatschen Sie nicht in die Hände, das würde ihn erschrecken. Auch die Kinder der Familie sollten sich daran halten, jetzt ist der Moment noch nicht da, um mit ihm herumzutollen. Wenn er sich genügend orientiert hat und vielleicht schon ein paar Runden umhergesaust ist, wird er Ihre Nähe suchen und auf Ihrem Schoß oder neben Ihnen auf der Couch oder bereits in seinem Körbchen mit einem tiefen Seufzer einschlafen. Lassen Sie ihn gewähren. Beim Aufwachen nehmen Sie ihn sofort hoch und bringen ihn in den Garten oder an einen Ort in der Wohnung, wo er auf ausgebreitetes Zeitungspapier sein Pfützchen verrichten kann. Lassen Sie ihn nie alleine draußen, er wird sich nicht »lösen«, wenn Sie nicht in seiner Nähe sind.
Die ersten zwei drei Nächte werden Sie nicht so gut wie sonst schlafen, denn der kleine Pudel vermißt seine Mutter und seine Geschwister. Er möchte auch zur Schlafenszeit in der Nähe seines neuen Herrn bleiben. Was ist zu tun?
Stellen Sie das Körbchen oder seine Lagerstätte an Ihr Bett und streicheln Sie das kleine Kerlchen, bis es sich ruhig hinlegt. Diese Prozedur ist natürlich des öfteren zu wiederholen. Bleiben Sie aber konsequent und nehmen Sie den Pudel nicht mit ins Bett. Wenn Sie das einmal tun, hat sich das Pudelchen bald »eingenistet« und sich einen Stammplatz am Fußende Ihres Bettes gesichert. Ist Ihr Schlafzimmer nicht

Zuhause

geheizt, sollten Sie darauf verzichten, einen jungen, und im Winter auch keinen alten Hund dort schlafen zu lassen. Da muß eine andere Lösung gefunden werden.
Meistens wird dem Welpen ein Platz in der Küche angewiesen. Hier kann man auch am besten den Boden säubern, wenn er nachts oder frühmorgens auf Zeitungspapier sein »Geschäftchen« verrichtet hat, denn er ist ja noch nicht stubenrein. Nachts wird der junge Hund winseln und bellen, für Sie heißt das: häufiges Aufstehen und Beruhigen. Aber je öfter Sie nach ihm sehen, desto schlimmer wird es. Bleiben Sie daher konsequent, auch wenn es schwer fällt, und lassen Sie ihn »weinen«.
Sprechen Sie schon vorher mit Ihren Nachbarn, daß ein kleiner Pudel ins Haus kommt, und bitten Sie für eventuelle Störungen durch Winseln oder Jaulen um Verständnis. Meistens ist nach der zweiten Nacht schon alles überstanden.
Auch tagsüber muß Ihr Hund manchmal alleine in der Wohnung bleiben. Es ist bekannt, daß Hunde viel Schlaf brauchen und besonders in den Vormittagsstunden gerne und ausgiebig dösen, am frühen Morgen dagegen ist Ihr Pudelchen putzmunter. Es will herumtoben und spielen. Nehmen Sie sich in den ersten Wochen viel Zeit, es früh auszuführen, zu füttern und mit ihm zu spielen. Wenn es müde ist, wird es sich in sein Körbchen zurückziehen und schlafen. Diese Zeit können Sie nützen, um Ihre Einkäufe und sonstigen Gänge zu erledigen. Stellen Sie daher Ihren gewohnten Tagesablauf für kurze Zeit um, später wird sich Ihr Pudel ganz Ihrem Tagesrhythmus anpassen.

Stubenreinheit

Besonders wichtig ist es, den Vierbeiner zur Stubenreinheit zu erziehen, was Sie mit eiserner Konsequenz in ca. zwei bis drei Wochen bewältigen können. Sofort nach dem Schlafen und nach jeder Futteraufnahme muß der Hund ins Freie gebracht werden. Am schnellsten lösen sich Hunde auf weicher Erde, Sand oder Gras. Hierbei muß der Welpe jedesmal gelobt werden. Da der junge Hund noch keine richtige Kontrolle über seine Ausscheidungsorgane hat, kann er auch nicht von heute auf morgen stubenrein sein. Wie schnell dies geschieht, hängt von Ihnen ab.
Auch das Verschmutzen von Gehsteigen und Kinderspielplätzen ist nicht Schuld des Hundes, sondern die des Besitzers. Jeder Hund kann dazu erzogen werden, im Rinnstein sein »Geschäftchen« zu verrichten. Sobald Sie merken, daß sich der Hund setzen will, ziehen Sie ihn an der Leine zum Bordsteinrand und setzen ihn auf die Straße. Das brauchen Sie nur zwei- bis dreimal zu praktizieren, schon hat es der Kleine begriffen. Passiert trotz ausgelegtem Zeitungspapier und häufigem Ausführen mal ein Malheur, wird der Pudel nicht bestraft; auf keinen Fall drücke man ihm die Nase in die Lache! Vorbeugen kann man, indem man den jungen Hund abends nicht mehr viel Flüssigkeit zu sich nehmen läßt. So wird er sich bald daran gewöhnen, auch nachts »sauber« zu sein.
Wenn später einmal Ihr Pudel Durchfall haben sollte und Ihnen die Wohnung verschmutzt — damit müssen Sie rechnen — dann hat dies nichts mit Stubenreinheit zu tun.

Der Schlafplatz

Die Lagerstätte kann zunächst eine Holzkiste sein, die mit einem Einstieg versehen ist, die Seitenteile sollten so hoch sein, daß der Hund seinen Kopf auflegen kann. Ein Körbchen ist erst später zu empfehlen, da Welpen gerne am Korbgeflecht nagen. Der Pudel muß sich auf seinem Lager ausstrekken können. Dieses wird mit einer Matratze ausgelegt, die nicht mit Schaumstoff gefüllt ist. Sie können auch eine Decke nehmen, über die Sie Tücher spannen, die öfter gewaschen werden können. Das Lager des Hundes ist sein »Hoheitsgebiet«. Hierhin schleppt er Ihren Hausschuh, die Spielsachen, den Kauknochen und den Ball und nagt er an seinem Kalbsknochen. Hier fühlt er sich wohl und hier sollte

ihn auch niemand stören, es sei denn, er schleppt unerlaubte Gegenstände auf sein Lager. Diese muß er sich abnehmen lassen, wozu Sie ihn durch gutes Zureden erziehen müssen. In seinem »Domizil« wird er weder gebürstet, gekämmt noch bestraft. Seinen Platz muß er auf Verlangen verlassen oder auf Gebot aufsuchen.

Ausführen

Der Pudel gehört zu der Rasse von Hunden, die vorwiegend in der Wohnung gehalten werden. Trotzdem sollte er nicht verweichlicht werden und so oft wie möglich Bewegung im Freien haben. Beim jungen Hund sollte man allerdings allmählich vorgehen und ihn nicht überanstrengen. Die Länge und Dauer der Spaziergänge werden von mal zu mal gesteigert. Auch muß er sich an den lärmenden Straßenverkehr, die vielen fremden Geräusche, das Begegnen von Artgenossen, die abendlichen Lichter erst gewöhnen — alles ist neu. Reden Sie bei diesen Spaziergängen beruhigend auf ihn ein und machen Sie ihn auf alles noch Fremde aufmerksam. Am Tonfall Ihrer Stimme merkt er, ob er etwas richtig oder falsch gemacht hat, ob er sich einer Sache stellen soll, vor der er ohne Ihre beruhigende Einwirkung kneifen würde, weil sie ihm noch unbekannt ist.

Beim Ausführen kommt es vor, daß Hunde sich wälzen, wenn sie Nässe im Haar verspüren. Dadurch wollen sie sich trocknen, was aber zu unangenehmer Verschmutzung des Haarkleides führen kann. Das Wälzen in übelriechenden Stoffen, wie Kot, Aas oder Dunghaufen, darf nicht mit dem Trokkenwälzen verwechselt werden. Der Grund dafür liegt oftmals in einseitiger Ernährung und Fehlen von Mineralstoffen.

Was Sie sonst noch wissen sollten

Wer noch nie einen Hund besaß, stellt sich beim Anfassen oft ungeschickt an. Heben Sie das Tier nicht an den Vorderbeinen hoch, denn das kann beim jungen Hund zu starken Sehnenzerrungen Anlaß geben, schmerzt aber auch das ältere Tier. Richtig machen Sie es, wenn Sie sich seitlich neben den Hund stellen, mit einer Hand unter den Brustkorb greifen und mit der anderen das Hinterteil stützen. Tragen Sie den jungen Pudel unter dem Arm, indem

Sie mit einer Hand den Brustkorb umfassen, die gleichzeitig auch die Vorderbeine zusammenhält. Niemals hebt man einen Pudel am Nackenfell hoch!

Junge Hunde haben kein Gefühl für Höhenunterschiede. Es kann daher leicht passieren, daß der Hund sich beengt fühlt, und Ihnen aus dem Arm springt. Das kommt oft vor, wenn Fremde ihn spontan an sich reißen. Dabei kann es zu Verletzungen, sogar Knochenbrüchen kommen. Auch das Springen von einem erhöhten Liegeplatz oder vom Tisch, wo er gerade gekämmt wird, birgt Verletzungsgefahren. Das Treppenlaufen ist eine Sache für sich. Treppauf läuft der kleine Pudel schnell, nicht aber die Treppen hinunter, denn davor hat der junge Hund Angst. Deshalb sollte er in den ersten Wochen die Treppen hinuntergetragen werden. Später setzen Sie ihn von einer Stufe auf die andere. Durch Lokken und Loben wird er das Angstgefühl, nach unten laufen zu müssen, überwinden.

Beschäftigen Sie Ihren Pudel soviel wie möglich, sonst kommt er leicht auf dumme Gedanken. Sobald er anfängt, an den Gardinen zu zerren, Ihren Garten »umzugraben«, oder ähnliche Dinge mehr, müssen Sie ihn mit »Pfui« daran hindern und ihn gleichzeitig mit einem Spielzeug ablenken. Stellen Sie in der Wohnung alles weg, was er herunterziehen könnte, wenn Sie gerade einen Moment einen Raum verlassen. Denn es könnte ausgerechnet die Tischdecke mitsamt dem Kaffeegeschirr sein. Kabel, Schnüre, Schuhe — alles wird angeknabbert! Nach dem Zahnwechsel und dem »Flegelalter« wird sich Ihr Pudelchen manierlicher verhalten.

Vorsicht geboten ist bei Balkon- und Torgittern oder Zäunen. Der junge Pudel kann vom Balkon stürzen, durch die Gitterstäbe schlüpfen, entlaufen und überfahren werden.

Die Erziehung

Erziehung heißt, einem jungen Hund mit Geduld und Liebe die Dinge beizubringen, die Sie von ihm erwarten, und ihm gleichzeitig Untugenden abzugewöhnen. Die Erziehung beginnt im Welpenalter und endet mit der Geschlechtsreife. Danach folgt die Ausbildung, die Sie selbst fortsetzen können. Sie können sich dazu aber auch den Gruppen des Leistungssportes in den Pudelvereinen anschließen (Auskunft in den einzelnen Bezirksgruppen).

Der junge Hund hat einen ausgesprochenen Spieltrieb. Alles Erreichbare (Hausschuhe, Strümpfe, Socken, Papier, Spielsachen, Bälle u. a.) wird herumgetragen, geschlenkert und angeknabbert. Mit zunehmendem Alter läßt dieser Spieltrieb nach und Sie können Ihren Pudel dazu bringen, Dinge zu apportieren. So bringt er den Hausschuh, die Zeitung, ein Stück Papier und trägt den Schlüsselbund. Vom Spaziergang nimmt er gern ein gefundenes Stück Holz oder einen Zweig mit nach Hause. Das Apportieren stellt für den Pudel nicht nur eine lehrreiche Übung dar, sondern macht ihm auch sehr viel Freude. So wird es nicht lange dauern, bis Ihr Pudel Ihnen bei jeder Begrüßung schwanzwedelnd einen Gegenstand präsentiert.

Wenn der Junghund etwas anstellt, bestrafen Sie ihn mit einem lauten »Pfui« oder der Rüge »Was hast du da gemacht«. Schon der energische Ton stellt die Verknüpfung mit dem Verbot her. Niemals bestraft man den Pudel mit Schlägen, da manche sehr sensibel veranlagt sind. Klopfen Sie stattdessen mit einer gefalteten Zeitung in die Hand, das hat schon eine große Wirkung auf den Vierbeiner. Wichtig ist, daß Sie Ihren Hund nur dann bestrafen, wenn Sie ihn *auf frischer Tat* ertappt haben. Später kann er sich nicht mehr daran erinnern und verknüpft die Strafe mit dem, was er in dem Moment tat.

Bereits dem jungen Hund müssen Sie Gehorsam beibringen, jetzt lernt er noch auf spielerische Art Kommandos zu befolgen. Das Kommando »Hier!« bedeutet, daß er zu Ihnen kommen soll, was Sie zusätzlich durch Gesten unterstützen können. Auf den Befehl »Sitz!«, soll er sich setzen, was man sinnvollerweise beim Anleinen und Überqueren der Straße übt. Dabei wird der angeleinte Hund leicht an der Leine nach oben gezogen und mit der linken Hand das Hinterteil hinuntergedrückt.

Das »Platzmachen«, auf das Kommando »Platz!« gilt im jugendlichen

Alter zunächst für den häuslichen Bereich, wenn der Pudel in seinem Körbchen Platz nehmen soll.
Die Erziehungsmaßnahmen sollten nicht unvermittelt praktiziert werden, sondern aus einer Situation heraus erwachsen (wie z. B. die erwähnte »Sitz!«-Übung beim Überqueren einer Straße). Hat der Pudel seine Sache gut gemacht, muß er gelobt werden, denn Lob ist das »A und O« bei der Erziehung und Ausbildung. Lobesworte wie »Brav« oder »So ist es brav« können nicht oft genug gesagt werden. Bedenken Sie aber immer, daß bei keiner erzieherischen Maßnahme ein Hund überfordert werden darf, denn das würde ihn lustlos machen.

Die Leinenführigkeit

Im heutigen starken Straßenverkehr ist die Leinenführigkeit unerläßlich, deshalb muß der Welpe etwa ab der 10. Woche an Halsband und Leine gewöhnt werden. Das behagt ihm zwar nicht und er wird sich heftig wehren oder sich setzen und nicht mehr vom Fleck rühren. Manche Pudel jaulen, wirken ängstlich und verunsichert, andere dagegen sind schneller mit der Sache vertraut. Gewöhnen Sie Ihren Hund langsam an die Leine: Laufen Sie vor, zurück, eventuell im Kreis, immer die Leine festhaltend, aber ohne Straffung. Sprechen Sie dabei mit dem Hund, locken und loben Sie ihn. Schon bald werden diese Bemühungen Erfolg haben und Ihr Vierbeiner wird neben Ihnen herlaufen. Lange Laufleinen eignen sich nicht, um das »Bei Fuß«-Gehen zu erlernen.

Freilaufen

Unangeleint lassen Sie bitte Ihren Pudel nur dort springen, wo kein Straßenverkehr ist. Dies wird er lebhaft ausnutzen und auch folgsam zu Ihnen kommen, wenn Sie ihn rufen, aber er wird sich nicht anleinen lassen. Sobald Sie sich bücken, flitzt er wieder davon. Das kann Sie unter Umständen auf eine große Geduldsprobe stellen. Haben Sie den kleinen Ausreißer endlich erwischt, darf er aber trotzdem nicht bestraft, sondern muß gelobt werden, denn sonst würde er das lustige Herumtollen und Zurückkommen mit Strafe verknüpfen und das nächste Mal erst recht nicht gehorchen.

Unartigkeiten

Pudel haben auch Unartigkeiten an sich. Aber bedenken Sie: ein unartiger Pudel ist ein schlecht erzogener Pudel! Ab dem 9. Monat, manchmal auch schon früher, wählt er sich in der Familie seinen »Herrn« oder seine »Herrin« aus, was vom Menschen weder gelenkt noch erzwungen werden kann. Dem Meuteführer (Leitwolf) ordnet er sich freiwillig unter und gehorcht ihm mehr als anderen Personen. Der Herr oder die Herrin hat damit die Erziehung des Hundes in der Hand und ist somit auch für den jeweiligen Grad der Unerzogenheit verantwortlich.
Zu den Unartigkeiten gehört das *Kläffen,* das eigentlich gar nicht dem Wesen des Pudels entspricht. Wenn der kleine Pudel das erste Mal bellt, freuen Sie sich sicher darüber, aber Sie sollten ihn nicht weiterhin dazu aufmuntern. Rufen Sie bei zu langem Bellen »Aus!« oder »Es ist gut!«. Anschlagen allein genügt ja auch schon, um der Freude Ausdruck zu geben oder etwas zu melden.
Der Pudel soll von fremden Personen nichts Freßbares annehmen. Sobald er das tut, weisen Sie ihn mit »Pfui« zurecht. Wenn er herumliegende Abfälle aufnimmt, wehren Sie auch dies mit »Pfui!« ab. Es könnte auch einmal ein mit Rattengift getränkter Brocken sein!
Das Belecken von Gesicht und Händen ist zwar ein Freundschaftsbeweis, ist aber nicht gerade angenehm und darf von daher nicht anerzogen werden.
Am Tisch soll Ihr Hund nicht betteln; Sie verhindern dies, indem Sie den Hund füttern, bevor Sie zu Tisch gehen. Wichtig ist, daß er niemals während der Mahlzeiten Häppchen zugesteckt bekommt.

So fühlt sich Ihr Pudel wohl

Die Pflege des Haarkleids

Wer sich für einen Pudel entscheidet, muß auch Lust und Liebe für seine Pflege aufbringen. Das Bürsten und Kämmen des Haarkleides erfolgt schon vom Welpenalter an, und zwar täglich. Später kann es auf zwei- bis dreimal wöchentlich reduziert werden. Der Pudel muß sich langsam an diese Prozedur gewöhnen, die für ihn ja keine Qual darstellen soll. Gut ist es, wenn Sie ihn immer vor einem Spaziergang pflegen. Aus dieser Situation heraus verbindet er nämlich das weniger Angenehme mit dem Angenehmen und wird sich mit der Zeit sogar freiwillig dem »Schönmachen« stellen. Das Haarkleid wird mit und gegen den Haarwuchs (Strich) gebürstet und gekämmt. Es gibt Spezialbürsten und Kämme für Pudel, die Sie in Pudelsalons zu kaufen bekommen. Wichtig ist es, das Haarkleid bis auf die Haut gut zu bearbeiten, sonst kommt es in der Unterwolle zu Verfilzungen. Dabei muß darauf geachtet werden, daß die Haut nicht durch zu starkes Aufdrücken verletzt wird. Zum Bürsten stellen Sie den Pudel auf einen Tisch, auf den Sie eine rutschfeste Matte gelegt haben. Man bürstet immer in der gleichen Reihenfolge, nämlich vom Kopf bis zur Rute, dann den Körper und die Gliedmaßen. Die Fransen an den Ohren werden außen und innen nach unten gekämmt.
Die Ansicht, daß der Pudel nicht haart, stimmt nicht ganz, denn auch er verliert Haare, die aber im nachwachsenden Kraushaar hängenbleiben. Wird das abgestorbene Haar nicht ausgekämmt, kommt es zu starken Verfilzungen und der Pudel muß ganz abgeschoren werden.

Baden

Vor jeder Schur muß der Pudel gebadet werden, wozu ein Spezialshampoo oder eine alkalifreie Seife verwendet wird. Dabei stellen Sie ihn am besten in die Badewanne. Das Wasser soll handwarm sein. Die Gehörgänge werden mit Watte verstopft, da kein Wasser in die Ohren dringen soll. Anschließend wird das Haarkleid mit der Brause naß gemacht und shampooniert. Beim Waschen des Kopfes ist darauf zu achten, daß kein Seifenschaum in die Augen gerät. Gespült wird vom Stirnansatz nach hinten, wo-

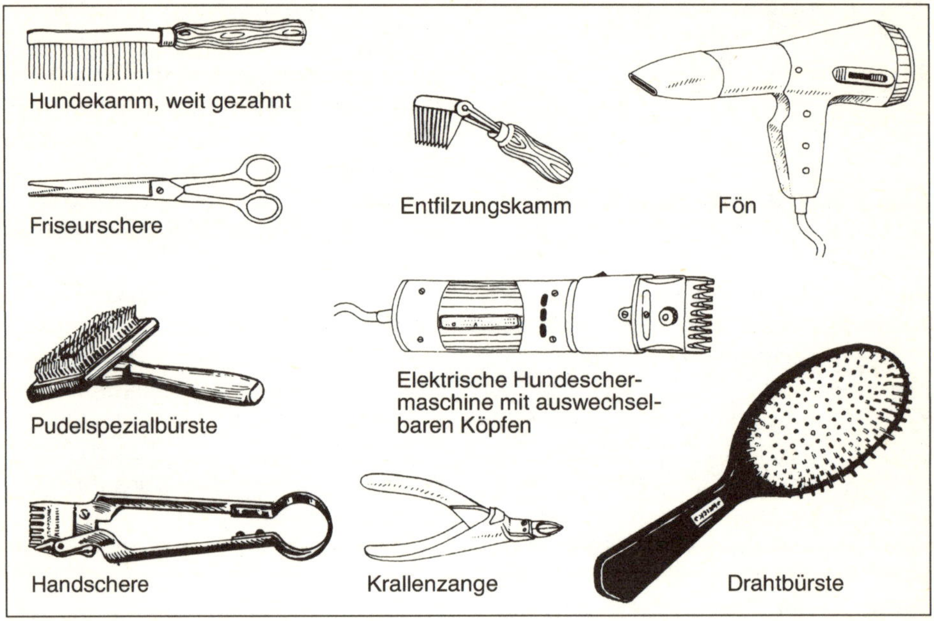

Pflege- und Scherutensilien

bei der Kopf am Fang etwas nach oben gedrückt wird. Nur wenn das Spülwasser ganz schaumfrei ist, darf es über das Vorgesicht laufen. Damit es nicht in die Nase läuft, wird jetzt der Kopf nach unten gehalten.

Nach gründlicher Spülung streift man mit der Handfläche das Wasser auch an den Beinen aus der Wolle. In ein großes Tuch gehüllt, hebt man den Pudel aus der Wanne, stellt ihn wieder auf einen Tisch und frottiert ihn ab, wobei man die Handtücher öfter wechselt. Während des Badens soll sich der Pudel nach Möglichkeit nicht schütteln, dies kann er beim Abtrocknen und Fönen tun.

Zum Schluß wird das Fell rundherum gefönt und gebürstet. Wenn das Haarkleid fast trocken ist, kämmt man es in Lagen. Es darf niemals feucht bleiben, sonst zieht es sich in seiner Kräuselung wieder zusammen und der Pudel kann nicht formgerecht egalisiert werden.

Die Schur

Gerade das Haarkleid des Pudels hebt ihn aus allen Rassen heraus und ist für ihn charakteristisch. Es verleiht dem gepflegten Pudel Schönheit. Die Struktur der Pudelwolle ist nicht immer gleich. Es gibt dichte und lockere Wolle, offene und geschlossene, feste und weiche. Beim jungen Pudel ist die Wolle offen und locker. Sie festigt und kräuselt sich erst richtig, wenn er »fertig« ist. Damit ist das Alter um 15 Monate bei Zwerg- und Kleinpudeln, bei Großpudeln um 18 Monate gemeint. Die Festigung des Haarkleides kann aber auch schon früher eintreten, wenn der Junghund bereits regelmäßig alle 4–6 Wochen geschoren wird. Deshalb ist eine gewissenhafte und regelmäßige Haarpflege beim Pudel nur zu empfehlen. Er bekommt mit ca. 4 Monaten den sog. »Babyschnitt«.
Dabei wird die Wolle mit der Friseurschere am Körper und den Läufen gleichmäßig gekürzt, das Gesicht und die Pfoten werden ausgeschoren. Dazu verwendet man eine Pudelschermaschine. Es ist ratsam, diese erste Schur einem erfahrenen Pudelpfleger zu überlassen. Er wird Sie auch beraten, wann der Pudel seinen ersten *»richtigen«* Pudelschnitt bekommen soll.
Natürlich muß sich jeder junge Hund erst an das »Schönmachen«, das er nach einigen Schnitten anstandslos über sich ergehen läßt, gewöhnen.
Wollen Sie Ihren Pudel später selbst scheren, brauchen Sie dafür Geduld und Geschick. Außerdem sollten Sie auch die Anatomie Ihres Hundes studieren, um ihn fachgerecht scheren zu können. Die Klubs geben Ihnen gerne Schuranweisungen, nach denen Sie sich richten können. Verschiedentlich werden auch Scherkurse angeboten, in denen Sie dieses diffizile Handwerk erlernen können. Man kann nämlich einen Pudel »schneiden«, aber auch »verschneiden« . . . Deshalb würde ich dem Anfänger empfehlen, dies lieber dem Fachmann zu überlassen.
Man unterscheidet drei Schurarten: die »Alte Schur«, die »Neue Schur« und die »Englische Schur«. Die *»Alte Schur«,* im Volksmund auch »Löwenschur« genannt, ist, wie der Name schon sagt, althergebracht und wirkt leicht antiquiert; sie gefällt nicht jedem Pudelbetrachter. Bevorzugt wird sie von Ausstellern, da dadurch der elegante Lauf des Pudels besser zur Geltung kommt. So ist auch die *»Englische Schur«* eine nostalgische Erscheinung, man denke nur an die Zeit des Rokoko. Am häufigsten sieht man den Pudel in der *»Neuen Schur«.* In diesem »Kleid« ist er am schwierigsten für eine Schönheitskonkurrenz herauszubrin-

»Alte Schur«

»Neue Schur«

»Englische Schur« (»Englischer Saddle Clip«)

gen. Nur ein ganz korrekter Körperbau, viel Wolle, ausgezeichnete Wolltextur und der letzte Schliff des Schnitts können ihn zum Champion werden lassen.

Pflege der Augen

Im klaren Auge spiegelt sich die Gesundheit des Hundes. Täglich wird mit einem mit lauwarmen Wasser oder Kamillentee angefeuchteten Papiertaschentuch der eingetrocknete Augenschleim aus dem inneren Augenwinkel gewischt.

Pflege der Ohren

Der Pudel hat Hängeohren. Deshalb kommt wenig Luft an die Gehörgänge und das Ohrenschmalz verkrustet sich mit den Haaren. Das Haar muß vorsichtig aus dem Gehörgang gezupft werden. Wenn die Ohrhaut gereizt ist, nicht auf einmal alle Haare auszupfen! Anschließend träufeln Sie ein Ohrpflegemittel (Tierarzt, Pudelsalon) in die Ohren und massieren es ein. An der Außenseite der Ohrmuschel wird das Haar mit der Schermaschine gekürzt.

Pflege der Zähne

Einmal in der Woche sollten Sie die Zähne Ihres Pudels mit Schlämmkreide, Zitronensaft oder einem Zahnpflegemittel für Hunde abreiben. Nicht jeder Pudel liebt das, nicht jeder läßt sich das gefallen!
Nach dem Zahnwechsel werden die noch nicht ausgefallenen Milchzähne vom Tierarzt gezogen. Später sollte Zahnstein regelmäßig vom Tierarzt entfernt werden, da sich andernfalls böse Entzündungen am Zahnfleisch bilden können.

Pflege der Pfoten

Die Pfoten werden bei jeder Schur (oder öfter, wenn Sie selbst schneiden) ausgeputzt, d. h., das Haar wird zwischen den Zehen und Ballen mit der Schermaschine entfernt. Denn dort verhaken sich gern bei nassem Wetter und erdigem Boden Erdklümpchen. Auch Glassplitter, Teerbröckchen, Dornen, Steinchen oder Kaugummi setzen sich hier fest. Sie verursachen dem Hund beim Laufen Unbehagen und rufen oftmals Verletzungen hervor. Kalk- oder Zementreste und besonders Streusalz ätzen das empfindliche Gewebe der Hundepfote. In diesem Fall werden die Pfoten gebadet, und die Ballen mit Melkfett oder Vaseline eingerieben. Bei Verletzungen werden Verbände angelegt, darüber wird ein Lederschuh gestülpt (Tierarzt, Fachhandel).

Pflege der Krallen

Durch häufiges Laufen auf hartem Boden nützen sich die Krallen normalerweise von alleine ab. Ist dies nicht der Fall, müssen sie von Zeit zu Zeit mit einer Krallenzange geschnitten werden. Wird zuviel abgeschnitten, können die in den Krallen verlaufenden Blutgefäße, man nennt sie »Leben«, verletzt werden und es kommt zu stark anhaltenden Blutungen. Für den Hund ist dies sehr schmerzhaft. Die Krallen sollten deshalb am besten vom Tierarzt oder nur nach fachgerechter Unterweisung von ihm gekürzt werden. Auch die fünfte Kralle an den Vorderpfoten muß in Abständen geschnitten werden, da sie andernfalls in den Ballen wächst. Manche Pudelzüchter lassen diese deswegen gleich beim Kupieren mitsamt der Zehe vom Tierarzt entfernen.

Was kommt in die Futterschüssel?

Auf dem Gebiet der Ernährung gehen die Meinungen der Hundefachleute auseinander. Immer aber gilt der Grundsatz, eine ausgewogene Nahrung anzubieten. Darunter ist zu verstehen, daß sie aus ca. 60% Fleisch, 30% Hundeflocken oder gekochtem Reis und ca. 10% Gemüse bestehen sollte. Fleisch ist also der wichtigste Bestandteil der Hundenahrung. Die wildlebenden Vorfahren unseres Haushundes fraßen jedoch von ihren Beutetieren zuerst den vorverdauten Magen- und Darminhalt, der größtenteils pflanzlicher Herkunft war. Damit wurden dem Körper die unentbehrlichen Kohlenhydrate, Mineralstoffe und Vitamine zugeführt. In einer reinen Fleischmahlzeit sind diese Stoffe nicht enthalten.

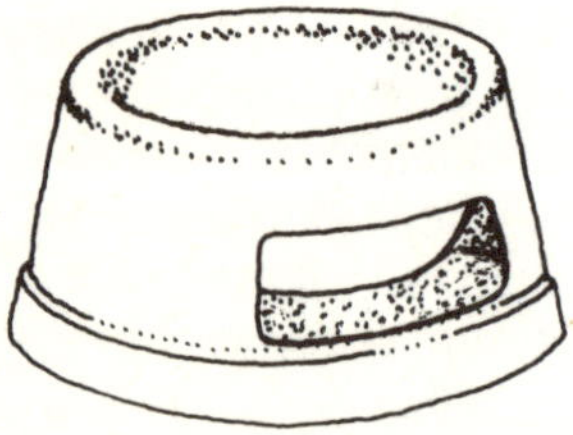

Plastik-
freßnapf

Frischfutterzubereitung

Fleisch/Eiweiß: Muskelfleisch vom Rind, Kalb, Pferd, Wild oder Huhn. Innereien: Leber, Nieren (leicht gebrüht oder angebraten, sonst Durchfall), Herz. Geflügelinnereien: Herzen, Mägen, Leber (leicht gebrüht oder angebraten); Blättermagen, Pansen (möglichst roh, ungesäubert), Lunge (gekocht, wenig Nährwert), Schlund (Gurgel), Kopffleisch, Freibankfleisch (gekocht). Schweinefleisch (*nur* gekocht, Gefahr der Aujeszkyschen Krankheit!). Grätenfreier Kochfisch, Trokkenfisch. Eier (Eiklar gestockt), Quark, Milch (roh und gekocht).

Gemüse/Obst: Alle Gemüsesorten (Kohlsorten und Hülsenfrüchte nur bedingt, da Blähungen); milde Kräuter, Petersilie, Löwenzahn, junge Brennessel (überbrüht), Zwiebel, Knoblauch (als Beigabe). Alle Frischobstsorten außer Citrusfrüchten, falls sie nicht vom Hund abgelehnt werden. Bei Steinobst unbedingt die Kerne entfernen, da Gefahr des Darmverschlusses.

Knochen: Kalbsknochen und -knorpel, in Maßen, da sie zu Verdauungsstörungen führen können.

Beigaben: Butter, Becel-Margarine, Honig, Bierhefe, Weizenkeime, Weizenkeimöl, Trockenmilch, Hundeflokken, Hundebisquits, Reis (gekocht).

Salz: Fleischfresser brauchen wenig Kochsalz, weil sie im Fleisch genügend Natriumsalz vorfinden. Trotzdem ist eine kleine Prise Salz am Tag an das selbst zubereitete Futter unbedingt zu empfehlen.

Die Futtermenge

Eine Faustregel besagt, daß ein Hund pro Kilogramm Körpergewicht 40 g gehaltvolle Nahrung benötigt. Hunde, die viel laufen, brauchen mehr, bei Übergewicht wird reduziert. Die richtige Konstitution hat Ihr Pudel dann, wenn auf der Kruppe die Höckerknochen nicht hervorstehen. Sie dürfen weder sichtbar, noch unter der Wolle spürbar sein. Das »Hinterteil« soll kräftig bemuskelt sein.

Der Junghund wird dreimal täglich gefüttert, zwischen einem halben und einem Jahr zweimal und ab einem Jahr nur noch einmal. Er braucht nun weniger Nahrung, da seine Wachstumsphase mit dem erhöhten Energiebedarf abgeschlossen ist. Der gesunde Hund ist gesättigt, wenn er sich vom Futter abwendet. Futterreste werden immer entfernt. Das Futter darf nie zu kalt (Kühlschrank) oder heiß angeboten werden. Hunde, die Hunger haben, sind unruhig und aufsässig.

Im Abgabealter (8 Wochen) ist der Welpe von der Mutter entwöhnt und auf Selbsternährung umgestellt. Der Züchter übergibt mit dem Welpen auch einen Futterplan. Nach dem Besitzerwechsel sollte eine Futterumstellung nur allmählich erfolgen, da der Hund sonst leicht Verdauungsstörungen zeigt.

Fertigfutter

Fertigfutter wird in vielfacher Auswahl angeboten und ist vorwiegend eine Vollnahrung.

Dosenfutter: Es enthält alle Aufbau- und Nährstoffe und besteht aus Muskelfleisch, Pansen, Herz, Leber, Lunge und teilweise aus pflanzlichem Eiweiß und Getreide, wie Reis, Gerste, Hafer, Weizen, Mais sowie aus lebensnotwendigen Vitaminen und Mineralien. Man unterscheidet zwei Arten von Dosenfutter: *Vollnahrung,* z. B. Chappi (Kohlenhydrate sind bereits beigemengt) und *Fleischnahrung,* z. B. Pal (besteht vorwiegend aus Fleisch, Hundeflocken, gekochter Reis und Gemüse können beigemengt werden). Diese beiden Arten enthalten alle lebensnotwendigen Vitamine und Mineralstoffe wie Mengen- und Spurenelemente in einem ausgewogenen Verhältnis.

Halbfeuchtfutter, Halbtrockenfutter, Trockenfutter: Die Zusammensetzung dieser Futterarten gleicht dem Dosenfutter, nur wurde den Produkten die natürliche Feuchtigkeit entzogen und die Nahrung dadurch besonders energiehaltig. Deshalb muß der Hund nach der Futteraufnahme die Gelegenheit haben, den Flüssigkeitsbedarf im Körper zu decken. Frisches Trinkwasser muß auch sonst immer bereit stehen! Futtermenge siehe Dosen- bzw. Verpackungsaufschrift.

Hundekuchen und Hundebiskuits enthalten fleischliche und pflanzliche Nährstoffe. Sie dienen der Kräftigung der Kaumuskulatur.

Was nicht gefüttert werden darf

Röhren-, Geflügel- und Kotelettknochen, Knochen vom Schaf (scharfkantig, splittern, Verletzung des Mund- bzw. Rachenraumes); scharfe Gewürze, Käse- und Wurstsorten; Wursthaut; künstliche Käserinde; Abfälle, die in den Mülleimer gehören; nicht mehr einwandfreies Fleisch; Süßigkeiten, Zucker und Speisen, in denen Zukker enthalten ist und, wie schon erwähnt, kein *rohes* Schweinefleisch.

Der kranke Pudel

Woran erkennen Sie, daß Ihr Pudel krank ist? Nun, ein kranker Hund frißt nicht, trinkt dafür um so mehr, liegt lustlos herum oder verkriecht sich; er hechelt und hat Fieber. Seine Augen sind trüb, die Nase ist trocken. Beim Anfassen jault er auf, ohne sichtbares Zeichen einer äußeren Verletzung. Je nachdem, was er hat, kann es sein, daß er sich krümmt, sich auf die Vorderbeine streckt, hustet, erbricht oder würgt. Vielleicht kann er schlecht schlucken, vielleicht zittert er, hat Durchfall oder starken Harndrang. In all diesen Fällen ist umgehend der Tierarzt aufzusuchen. Schildern Sie dem Tierarzt alle auffälligen Verhaltensweisen, so erleichtern Sie ihm seine Diagnose.
Eine richtige Ernährung, rassegerechter Auslauf, Hygiene und Sauberkeit, sind wichtige Voraussetzungen für die Gesundheit Ihres Vierbeiners. Aber selbst wenn für Haltung und Ernährung bestens gesorgt wird, ist der Hund gegen viele Krankheitserreger nicht gefeit.

Äußere Parasiten

Flöhe

Auch der gepflegteste Pudel kann einmal Flöhe bekommen. Am häufigsten treten diese in den sog. Flohmonaten August, September und Oktober auf. Flöhe sind Zwischenwirte für den Flohbandwurm. Flohbefall erkennen Sie daran, daß der Hund sich am Kopf, Hals und in den Achselhöhlen kratzt. Auf der Haut sitzt schwarzer, krümeliger Flohdreck.
Maßnahme: Flohhalsband, Sprays, Puder, Ectofum-Bad (Fachhandel, Tierarzt). Auch das Lager muß desinfiziert werden, denn Flöhe nisten nicht am Hundekörper. Achtung! Igel im Garten bringen die reinste Flohinvasion! Der Hundefloh geht übrigens nicht auf den Menschen über.

Zecken

Im Sommer und Herbst kann es leicht vorkommen, daß Ihr Hund eine oder mehrere Zecken vom Spaziergang heimbringt. Gemeinerweise setzt sich die Zecke meist da fest, wo der Pudel sich nicht kratzen kann: am Rücken, am Kopf, an den Lefzen, am Lidrand. Sie saugt sich mit Blut voll und wird erbsengroß.
Entfernung: Mit Öl oder hochprozentigem Alkohol betupfen, dadurch ver-

schließen sich ihre Atmungsöffnungen. Nach einigen Minuten entfernt man die Zecke mit einer Drehbewegung. Vorsicht: Der Kopf darf nicht abgerissen werden, da es sonst zu Entzündungen kommt. Auch hier bewährt sich das Ungezieferhalsband.

Ohrmilben

Sie sind von Hund zu Hund übertragbar. Bei Befall ist der äußere Gehörgang gerötet und fühlt sich heiß an. Der Pudel kratzt sich auffallend oft am Ohr. Den Juckreiz rufen die Milben hervor, die sich in der Haut festsaugen.
Maßnahme: Einige Tropfen Dermakulin, Triplexan, Penochron oder Jacutin-Emulsion (Tierarzt/Apotheke) in den äußeren Gehörgang träufeln und durch leichtes Kneten verteilen. Dadurch löst sich braunes Ohrensekret, das man mit Watte an der Ohrmuschel wegwischt. Anschließend führt man vorsichtig ein fingerdick gerolltes Papiertaschentuch oder einen Wattebausch in den Gehörgang; durch leichtes Kneten bleiben Absonderungen daran hängen, den Rest schüttelt der Hund dann selbst hinaus. (Niemals spitze Gegenstände benützen!)
Achtung! Beim plötzlichen Schiefhalten des Kopfes nach einem Spaziergang im Sommer oder Herbst, handelt es sich meistens um eine Granne (Ähre der Mäusegerste), die sich in das Innenohr vorarbeitet. Juckreiz und Schmerzen treten auf. Hier können Sie nicht helfen. Der Tierarzt muß mit einem Spezialinstrument die tiefsitzende Granne entfernen.

Herbstgrasmilben

Sie sind mit bloßem Auge kaum sichtbar. Es sind orangefarbene Pünktchen. Sitz: Schenkelinnenflächen, Bauch, Zwischenzehenspalten. Der Pudel wird sehr unruhig, beißt, knabbert und leckt an den befallenen Stellen. Bei weißen und apricotfarbenen Pudeln verfärbt sich an diesen Körperpartien das Haar rötlich-braun.
Maßnahme: Die befallenen Stellen mit Dermakulin, Triplexan, Penochron oder Jacutin-Emulsion einreiben; Ectofum-Schaumbad.

Sarkoptes-Räude

Davon können Hunde jeden Alters befallen werden. Die Ansteckung erfolgt durch Kontakt. Die Milbe bohrt sich in die äußere Hautschicht und legt dort ihre Eier ab. Sitz: Äußerer Ohrrand, Schenkelinnenflächen, Achselhöhlen. Starker Juckreiz und ständige Unruhe treten auf. Bei starkem Milbenbefall sind die Behänge geschwollen, die Ränder dick und verkrustet.
Maßnahme: Ectofum-Schaumbad. Diagnose: Tierarzt.
Die Sarkoptemilbe ist auch auf den

Menschen übertragbar! Sie kann sich aber auf der menschlichen Haut nicht vermehren und verschwindet, auch ohne Behandlung, nach ca. drei Wochen.

Demodikose
Diese gefürchtete Krankheit wird durch die Demodex-Milbe hervorgerufen und ist eine Räudenart, die glücklicherweise weniger häufig vorkommt. Hautschäden: Haarausfall, besonders am Kopf, Hals und an den Vorderläufen; Hautverdickung, Schuppen- und Faltenbildung. Der Hundekörper riecht faulig. Die Behandlung ist langwierig; ohne eine solche stirbt der Hund. Die Ansteckung erfolgt durch den Saugakt, alle Welpen des Wurfes erkranken. Auf den Menschen ist die Demodikose nicht übertragbar. *Diagnose und Therapie:* Tierarzt.
Die Demodikose tritt auf, wo viele Hunde gehalten werden. Sie wird gefördert durch Verschmutzung der Anlagen, mangelnde Hygiene, Unterernährung der Tiere, äußeren und inneren Parasitenbefall, Streß.

Innere Parasiten

Wurmbefall
Vor allem Welpen und Junghunde werden oft von Darmparasiten befallen. Wurmbefall setzt die körperlichen Abwehrkräfte herab und beeinträchtigt die Immunitätsausbildung nach Schutzimpfungen. Deshalb muß der Hund vor jeder Impfung entwurmt werden. Verwurmte Pudel sind geschwächt und krankheitsanfällig. Der gewissenhafte Züchter gibt seine Welpen nur entwurmt ab.

Spulwürmer
Sie gehören zu den Rundwürmern. Welpen können schon im Alter von zwei bis drei Wochen geschlechtsreife Spulwürmer beherbergen. Larven, die sich lange im Darmgewebe der Mutterhündin halten, werden durch die Trächtigkeit (Hormonveränderung) aktiviert und gelangen im Blutstrom zu den sich entwickelnden Welpen. Ältere Hunde nehmen winzig kleine Wurmeier mit der Zunge vom Erdboden auf oder schlecken sie vom Fell oder den Pfoten ab. Im Magen schlüpfen dann die Larven aus den Eiern. Sie bohren sich in die Darmwand, wandern in die Leber, gelangen über das Blut in die Lunge, steigen die Luftröhre hoch, werden wieder verschluckt und

entwickeln sich im Magen und Darm zu geschlechtsreifen Spulwürmern. Bei starkem Befall werden sie sichtbar mit dem Kot ausgeschieden oder auch erbrochen (ca. 8 cm lang; sehen aus wie Spaghetti). Zur Entwurmung stehen zahlreiche Mittel, z. B. Banminth-Paste (Tierarzt) zur Verfügung.

Hakenwürmer

Sie gehören ebenfalls zu den Rundwürmern. Die Infizierung erfolgt durch Larven, die sich durch die Haut (Pfoten, Unterbauch) in das Körpergewebe bohren und im Blutstrom die Lunge und den Darm erreichen. Auch durch Lecken und Saugen der Muttermilch können die Larven aufgenommen werden. Im Darm setzen sich die heranwachsenden Würmer (1—3 cm lang) an der Innenwand (Dünndarm) fest, saugen Blut und legen ihre Eier ab. Diese gelangen mit dem Kot nach draußen. Die Larven entwickeln sich innerhalb 48 Stunden. Diese schlüpfen aus, wachsen, häuten sich zweimal, und sind nach 7—14 Tagen ansteckungsfähig. Die Entwicklung in feuchtwarmer Umgebung erfolgt sehr rasch. Der Befall von Hakenwürmern führt zu Blutarmut mit Eisenmangel. Die Hunde sind abgemagert, weisen porzellanfarbene Schleimhäute auf und haben häufig blutigen Stuhlgang.

Diagnose und Therapie: Tierarzt, Entwurmungsmittel, z. B. Banminth-Paste.

Peitschenwürmer

Sie sind Blutsauger an bestimmten Stellen im Dickdarm. Blutarmut tritt nur bei starkem Befall auf. Die befallenen Hunde sind abgemagert, kraftlos und haben oft blutigen Durchfall.

Diagnose und Therapie: Tierarzt.

Der Kot ist bei Wurmbefall zu beseitigen, indem man ihn im Freigelände (z. B. Garten) spatentief vergräbt, da die ansteckungsfähigen Wurmeier monatelang in oder auf dem Erdboden überleben. Die Kotabsatzstellen sind zu desinfizieren (Sagrotan). Beide Wurmarten werden fast nur bei Hunden festgestellt, die über den Hundehandel nach Deutschland kommen; keine Übertragung auf den Menschen.

Jeden Wurmbefall kann der Tierarzt durch mikroskopische Untersuchung des Kotes feststellen.

Bandwürmer

Beim Pudel kann der Flohbandwurm auftreten. Er wird durch den Floh oder durch Haarlinge übertragen. Der Floh nimmt die ausgeschiedenen Bandwurmeier auf, die sich in ihm zu Bandwurmlarven (Finnen) entwickeln. Durch Aufknabbern des Flohs wandert

die Finne in den Darm des Hundes und entwickelt sich in der Schleimhaut zum Bandwurm. Er besteht aus einem Kopf mit Saugnäpfen, an den sich mehrere hundert Körperglieder anschließen. Sie sind ca. 1 cm lang, flach, leicht gelblich und werden mit dem Kot ausgeschieden. Täglich werden 4—6 Glieder abgestoßen. Beim Verlassen des Darms verursachen sie Afterjucken. Um sich zu kratzen, rutscht der Pudel mit dem After auf dem Boden; man bezeichnet dies als »Schlittenfahren«. Es kann sich dabei aber auch um eine Verstopfung der Afterdrüse handeln. Vielfach kleben die eingetrockneten Bandwurmglieder an den Haaren um den After. Sie sehen aus wie Reiskörner.
Maßnahme: Der Pudel muß schnellstens entfloht werden. Der Tierarzt verordnet das entsprechende Wurmmittel. Äußerste Sauberkeit ist anzuraten!

Infektionskrankheiten

Sie werden durch Viren oder Bakterien hervorgerufen, die als winzig kleine Erreger vielerorts in der Umwelt vorkommen. Die Infektion selbst wird vom Hundebesitzer nicht wahrgenommen, erst die auftretende Krankheit. Vorbeugend für die häufigsten Infektionskrankheiten sind die Schutzimpfungen. Die Behandlung eines kranken Tieres muß immer vom Tierarzt vorgenommen werden.

Staupe
Sie ist eine Viruserkrankung. Inkubationszeit 3—8 Tage.
Symptome: Freßunlust, Teilnahmslosigkeit, Fieber bis zu 41 °C, tränende Augen, Bindehautentzündung, wäßriger Nasenausfluß, Husten, manchmal Erbrechen und Durchfall. (Oftmals wird vom Besitzer angenommen, es handle sich um eine Erkältung.) Diagnose: Tierarzt!
Man unterscheidet drei Stadien:
1. Virusstadium: Obige Krankheitsanzeichen.
2. Sekundärstadium: Es kommt zur Infektion mit Sekundärbakterien. Der Hund kann bis zu sieben Tagen fieberfrei sein; danach Fieber um 40°. Zu obigen Beschwerden kommen: Hornhautentzündung, Harndrang, blutiger Urin, Schluckbeschwerden, Rückenkrümmung.
3. Nervöses Stadium: Nach scheinbarer Genesung tritt die Nervenstaupe meist nach drei Wochen auf. Im Zwischenzeitraum hat der Hund wohl wieder Appetit, aber immer noch um die 39,5° Fieber. Die Augen sind trüb.

Jetzt treten Krämpfe oder Lähmungen auf. Der Bewegungsapparat funktioniert nicht mehr, die Kaumuskulatur ist gelähmt. Die Behandlung ist fast aussichtslos.
Hunde jeden Alters, aber vornehmlich Welpen ab der 6. Woche und Junghunde können an der Staupe erkranken. *Ansteckung:* Kontaktübertragung.

Hepatitis (Ansteckende Leberentzündung)

Sie ist eine fieberhafte Viruserkrankung, die mit einer Entzündung der Leber und Erkrankungen der Nieren verbunden ist. *Symptome:* Ähnlich wie bei der Staupe. Es tritt starker Durst hinzu, die Bauchhöhle ist schmerzempfindlich, die Schleimhäute färben sich gelb. Der Krankheitsverlauf ist milder als bei der Staupe. *Befall:* meist Junghunde. *Ansteckung:* Durch direkten Kontakt. *Behandlung:* Tierarzt!

Leptospirose (Stuttgarter Hundeseuche, Weilsche Krankheit)

Sie wird durch Bakterien hervorgerufen. *Symptome:* Häufige Müdigkeit, Freßunlust, Schwäche in der Hinterhand, Nierenschmerzen (beim Treppensteigen zu beobachten), mittelhohes Fieber, übler Mundgeruch, Gelbfärbung der Schleimhäute und Blutungen an diesen; Durchfall, Erbrechen, Abmagerung. *Ansteckung:* bei Artgenossen durch Belecken von Wunden oder Beschnuppern des ausgeschiedenen Urins. *Ansteckungsquellen:* verunreinigte Gewässer, Pfützen, Tümpel, Gräben, Ratten und Mäuse. *Befall:* Hunde jeden Alters. Einige Leptospiren sind auch auf den Menschen übertragbar (Weilsche Krankheit). Jährliche Impfungen des Hundes schalten die Infektionsquelle aus. *Behandlung:* Tierarzt!

Tollwut

Diese Viruserkrankung ist auf den Menschen übertragbar. *Ansteckungsquelle:* Durch Speichelübertragung von Wildtieren (besonders von Füchsen). Sollte Ihr Pudel mit einem tollwütigen Tier Kontakt gehabt haben, ist sofort der Tierarzt aufzusuchen.
Nach der Grundimmunisierung muß der Hund jährlich Wiederholungsschutzimpfungen bekommen. Ein schutzgeimpfter Hund ist vor der tödlichen Tollwut sicher und kann weder Mensch noch ein anderes Tier infizieren.
Tollwut ist eine anzeigepflichtige Erkrankung. In Tollwutgebieten müssen die behördlichen Bestimmungen beachtet werden (rote Warntafeln). Bei Spaziergängen empfiehlt es sich, den Impfpaß des Hundes mitzuführen und

dem Hund eine Tollwutplakette umzuhängen.

Virushusten (»Zwingerhusten«)

Diese Erkrankung tritt dort auf, wo viele Hunde auf engem Raum (Zwinger) leben. Aber auch einzeln gehaltene Hunde können durch Ansteckung daran erkranken. *Ursache der Erkrankung:* Zusammenwirken von Viren und Bakterien (Mischinfektion), verbunden mit Streß und Belastung. *Symptome:* trockener, rauher Husten, oftmals Brechreiz; es kommt zu Atembeschwerden und sogar zu Lungenentzündung. Der Tierarzt kann den quälenden Husten durch gezielte Behandlung lindern. Auch hiergegen gibt es Schutzimpfungen. *Befall:* Hunde jeden Alters, besonders ältere Welpen und belastete erwachsene Hunde. *Ansteckung:* durch Kontakt.

Parvovirose

Diese Infektionskrankheit trat Ende der 70er Jahre in Deutschland auf. Im Volksmund wird sie als »Katzenseuche« bezeichnet. Bei Katzen ist eine ähnliche Krankheit bekannt, das Virus kann aber nicht auf den Hund übertragen werden. *Symptome:* Futterverweigerung, Erbrechen, blutiger, übelriechender Durchfall, Mattigkeit. Bei Welpen und Junghunden kommt es zu Herzmuskelschäden, während ältere Tiere erhebliche Magen- und Darmstörungen aufweisen. Geringe Heilungschancen. *Ansteckung:* bei Artgenossen oder durch Belecken und Beschnuppern von Gegenständen, an denen Viren haften. *Befall:* Hunde jeden Alters, vor allem aber Junghunde bis zu einem Jahr. Diese Viruserkrankung tritt meistens dort auf, wo Tiere schlecht ernährt, unter Streßsituation und bei mangelnder Hygiene gehalten werden. Daher Vorsicht beim Welpenkauf! Lassen Sie sich zuvor die Zwingeranlage zeigen!

Durch vorbeugende Schutzimpfungen ist es gelungen, die Krankheit einzudämmen. Lassen Sie deshalb Ihren Pudel regelmäßig impfen (s. a. Abschnitt »Schutzimpfungen«).

Aujeszkysche Krankheit (Pseudo-Wut)

Diese gefährliche Infektionskrankheit wird durch ein Herpesvirus verursacht. Sie war schon früher bekannt, trat aber in den letzten Jahren wieder vermehrt auf. Der Grund liegt wahrscheinlich in der Einfuhr von Schweinefleisch, denn das Schwein ist der Hauptträger dieses Krankheitserregers. Deshalb muß Schweinefleisch (incl. Innereien), sofern es verfüttert wird, *immer* abgekocht werden. *Symptome:* Appetitlosigkeit, Würgen und Erbrechen, Fieberschauer, ängstlicher Gesichtsausdruck, unkontrollierte

Bewegungen, starker Juckreiz, unaufhörliches Kratzen und Scharren, Winseln, Jaulen und Bellen ohne sichtbaren Anlaß. Manche Hunde werden angriffslustig, der Atem geht heftig, die Tiere werden immer kraftloser, bis es zur völligen Lethargie kommt. Der Hund stirbt innerhalb von 48 Stunden. Gegen diese tödliche Krankheit gibt es noch keinen Impfstoff. Dem Menschen droht keine Ansteckungsgefahr.

Schutzimpfungen

Beim Impfverfahren unterscheidet man zwischen Grundimmunisierung und Wiederholungsimpfungen. Unter Grundimmunisierung versteht man den erstmaligen Aufbau eines Impfschutzes aus Erst- und Zweitimpfung, die in kurzem Abstand erfolgen müssen. Da die Wirkung der Schutzimpfung zeitlich begrenzt und unterschiedlich lang ist, müssen in regelmäßigen Abständen Wiederholungsimpfungen nach Anraten des Tierarztes vorgenommen werden. Für die Schutzimpfungen stehen wirksame Impfstoffe zur Verfügung, die auch als Kombinationsimpfstoffe Anwendung finden (z. B. Fünffachimpfung gegen Staupe, Leptospirose, Hepatitis, Parvovirose und Tollwut). Ihr Tierarzt wird Sie beraten.

Impfplan

Alter	Impfform
7.–8. Wo.	Dreifachimpfung SHL
7.–9. Wo.	P
12.–14. Wo.	Dreifachimpfung SHL, Wiederholung plus T
14.–16. Wo.	Wiederholung P
Jährlich	Fünffachimpfung SHL plus P plus T

(SHL = Staupe – Hepatitis – Leptospirose,
T = Tollwut, P = Parvovirose)

Der Hund muß zum Zeitpunkt der Impfung gesund, gut ernährt und frei von äußeren und inneren Parasiten sein. Den »Internationalen Impfpaß« mit der Eintragung der Erstimpfung erhalten Sie beim Erwerb des Pudels. Alle weiteren Impfungen werden in ihm vermerkt. Er gilt als Nachweis für den Impfstatus Ihres Vierbeiners. Bei Auslandsreisen (Grenzüberschreitung und Wiedereinreise) dient er auch als Nachweis der Identität und des gegenwärtigen Gesundheitszustandes.

Weitere Gesundheitsstörungen

Erbrechen
Oft harmlos. Dient in leichten Fällen zur Entleerung des überladenen Magens oder unverdauter Knochen- und Knorpelstücke. Würgen weist darauf hin, daß sich ein Fremdkörper im Hals am Kehlkopf festgeklemmt hat. Wenn man ihn nicht selbst entfernen kann (Rachen weit öffnen), sofort den Tierarzt aufsuchen. Bei anhaltendem Erbrechen ebenfalls Tierarztbesuch.

Fremdkörper
Ein kleiner Ball, Knochen, Steine u. a. können plötzlich beim Spiel verschluckt werden. Der Hund beginnt nach Stunden zu erbrechen und versucht vergeblich, Kot auszupressen. Die Temperatur sinkt. Aus dem Fang kommt ein fauliger Geruch. Kein Abführmittel geben! Dies würde unweigerlich den Tod herbeiführen. Schleunigst Tierarzt! (Röntgenaufnahme, Operation).

Durchfall
In leichteren Fällen durch falsche Ernährung oder Erkältung (Schneefressen) hervorgerufen. Man bekämpft ihn mit Kohletabletten und reicht Diät: gekochtes, mageres Rindfleisch mit einem geriebenen Apfel und Weckmehl (Semmelbrösel) vermischt, dazu lauwarmen schwarzen Tee. Tritt Fieber hinzu, muß der Pudel zum Tierarzt.

Anhaltender Durst
Sommerliche Hitze, beheizte Räume und falsche Ernährung verursachen Durst. Grundsätzlich muß dem Hund immer frisches Trinkwasser zur Verfügung stehen. Bei stark erhöhtem Durst ($\frac{1}{2}$ l und mehr) besteht der Verdacht auf eine Erkrankung: Fieber, Gebärmutterentzündung, Zuckerkrankheit, Nieren- oder Bauchspeichelerkrankung. Wenn das mit Gier getrunkene Wasser gleich wieder erbrochen wird, liegt eine ernsthafte Erkrankung vor.

Analdrüsenverstopfung
Das schon erwähnte »Schlittenfahren« kann mit der Verstopfung der Analdrüsen zusammenhängen. Sie entleeren sich beim Absetzen des Kots und machen ihn gleitfähig. Kommt es zu einer Eindickung der Analdrüsenflüssigkeit, tritt Juckreiz auf und der Hund rutscht auf dem After. Die Analbeutel, die beiderseits des Afters liegen, müssen ausgedrückt werden, sonst kommt es zu Entzündungen. Lassen Sie sich das Ausdrücken vom Tierarzt zeigen. *Ursache:* falsche Ernährung, zu »feines« Futter, zu wenig Ballaststoffe, daher anhaltend weicher Kot.

Krankheit

Vergiftungen
Bei plötzlich auftretendem, heftigem und andauerndem Erbrechen ist immer eine Vergiftung zu befürchten. Kommt es zu Magen- und Darmbeschwerden mit blutigem Stuhlgang und Urin, besteht Lebensgefahr. Hat der Hund Untertemperatur, muß er vor Unterkühlung geschützt werden. Man bringt ihn in eine Decke gewickelt (Wärmeflasche) schnellstens zum Tierarzt. In diesem Zustand soll er viel trinken. Man reicht ihm Wasser und löffelweise starken Bohnenkaffee. *Ursachen:* Vergiftung durch Düngemittel, Pflanzenschutzmittel, Rattengift.

Augenentzündung
Schleimiger Ausfluß, verbunden mit Juckreiz, weist immer auf eine Bindehautentzündung hin. *Ursache:* Erkältung durch Zugluft (Auto), Fremdkörper (Staub) im Auge. Besonders beim Pudel können Wimpern das Auge reizen, daher Tränenfluß. Die ins Auge stehende Wimper wird vorsichtig ausgezupft. Tränenkanalverstopfung beseitigt der Tierarzt.

Zahnstein
Geringen Zahnsteinbelag können Sie selbst entfernen oder es macht dies der Pudelpfleger (Instrument: Zahnsteinentferner); starker Zahnstein wird vom Tierarzt entfernt (Kurznarkose). Zahnsteinbildung entsteht durch einseitige Fütterung mit Weichfutter. Geben Sie Ihrem Pudel Knochen und Büffelhautknochen zum Nagen, sie wirken zahnreinigend.

Fieber
Der gesunde Hund hat eine Temperatur von 38,2°—39 °C (je nach Alter verschieden); bis 39,3 °C spricht man von erhöhter Temperatur, unter 38 °C von Untertemperatur. Fieber kündigt Krankheit an. Zum Fiebermessen bestreichen Sie ein Kinderthermometer mit Öl und führen es vorsichtig in den After ein. Der Hund steht dabei auf einem Tisch und wird von einer zweiten Person am Kopf und mit einer Hand unter dem Bauch stützend gehalten. Nach ca. drei Minuten können Sie die Temperatur ablesen. Übersteigt sie 39,3 °C, ist der Hund krank. Suchen Sie den Tierarzt auf.

Das Eingeben von Arzneien

Die Arzneimittelgabe gestaltet sich manchmal nicht ganz einfach. Sie können folgendes tun: Entweder wird die Tablette in ein kleines Stückchen Fleisch gewickelt oder man öffnet den Fang des Hundes und legt die Tablette

weit hinten auf die Zunge und schließt den Fang. Durch die Schluckbewegungen wird sie in den Magen befördert. Flüssige Arzneien werden bei geschlossenem Fang in die etwas zur Seite gezogene Backentasche geträufelt.

Die Pflege des Patienten

Hat der Tierarzt seine Diagnose gestellt, hält man sich an seine Anweisungen. Der Hundepatient braucht aber auch häusliche Pflege. Sorgen Sie für ein warmes Lager in einem abgedunkelten Raum und viel Ruhe. Schreiende Kinder und fremde Menschen sollten Sie fernhalten. Bringen Sie Ihrem Patienten die verordnete Diät ans Lager und tragen Sie ihn, je nach Krankheitsfall, zum Lösen ins Freie; er läßt sich dies gerne gefallen. Nach einer Erkrankung gibt es auch für den Hund eine Schonzeit, sonst kann es zu Rückfällen kommen.

Verhaltensweisen des Hundes

Jeder Hundebesitzer sollte versuchen, sich in seinen Hund hineinzuversetzen, um sein Verhalten zu verstehen. Andernfalls wird ihm das Wesen seines Vierbeiners immer fremd, und der Grund, warum er sich in bestimmten Situationen gerade so bzw. anders verhält, immer ein Rätsel bleiben. Dieses Verstehen-Lernen erfordert allerdings die ganze Zuneigung und Hingabe des Menschen.

Will der Hund seinem Herrn etwas *zeigen,* dann kläfft er, springt herum, stupst ihn mit der Nase, gibt knurrende Laute von sich und zerrt an seiner Kleidung. Werden seine Signale ignoriert oder nicht verstanden, wird er zum Kläffer und Beißer.

Zum *Spiel* fordert der Hund folgendermaßen auf: Er drückt sich mit gestreckten Vorderbeinen auf den Boden, das Hinterteil nach oben gestreckt, dreht den Kopf, schaut seinen

Herrn an, gibt Laute von sich und wedelt mit dem Schwanz. Dann springt er einige Male auf, um kurz danach wieder diese Stellung einzunehmen.

Hunde können auch *lachen*. Der Hund zieht dabei die Oberlippe hoch und entblößt die Vorderzähne. Die Eckzähne sind beim Lachen nicht zu sehen, die Nase kräuselt sich. Damit will Ihr Pudel Ihnen mitteilen, daß er sich freut oder er will besonders liebenswürdig auf sich aufmerksam machen. Zeigt er aber die Eckzähne, bedeutet dies eine Drohung. Der Körper steht in Positur, er vibriert, der Schwanz steht steil nach oben. Dies ist ein Zeichen der *Angriffslust.* Fängt der Hund an zu wedeln, ist die Gefahr vorüber.

Leider verstehen viele Hundebesitzer das Lachen und andere Gebärden ihres Hundes falsch oder gar nicht. In der Annahme, der Hund würde ihnen drohen, bestrafen sie das Tier zu Unrecht. Dadurch wird die Hund-Mensch-Beziehung gestört und der Hund entwickelt sich zum Neurotiker.

Schwanzwedeln in waagrechter Lage bedeutet Begrüßung. Schnelles Hin- und Herwedeln zeigt eine stürmische Begrüßung an. Kurze Schwanzausschläge deuten auf Reserviertheit hin. Steht die Rute hoch, ist er zum Spielen oder Raufen aufgelegt. Jetzt müssen Sie unterscheiden: Lacht er oder fletscht er die Zähne?

Wird der *Schwanz nach unten* gehalten, hat Ihr Hund ein schlechtes Gewissen. Kneift er den Schwanz ein, drückt dies sein Unbehagen aus. Bei einem gut gehaltenen und verstandenen Hund wird dies nicht vorkommen. Nur Hunde, die schlecht behandelt werden und Angst vor dem Menschen haben, zeigen diese Gebärde.

Knurren muß nicht immer eine Warnung bedeuten. Wenn der Hund sich wohl fühlt, stößt er ein dunkles Knurren aus, das tief aus seiner Brust kommt und sich eher wie ein Grunzen anhört. Dazu lacht das Tier.

Eine der liebenswertesten Gesten, die jedem Pudelhalter sehr vertraut sein dürfte, besteht darin, daß der Hund vor Ihnen sitzt, den Kopf schief hält und Sie treuherzig anschaut. Sie bedeutet Vertrauen und treue Ergebenheit.

Mit dem *Hochspringen* bei der Begrüßung hat es seine eigene Bewandtnis. Bei großen Hunden wird dies unangenehm, schon allein durch ihre Kraft, bei kleinen ist es allerdings nicht weniger leidig, da sie dabei, wie die Großen, oft die Kleider verschmutzen. Die Hunde versuchen, dem Herrn das Gesicht zu schlecken. Erklärung: Der von der Jagd heimkommende Wolf wird von den Welpen stürmisch begrüßt. Dabei belecken sie seine Schnauze und Mundwinkel, worauf er das ver-

schlungene Beutefleisch auswürgt und den Welpen als Nahrung vorlegt.
Hunde können auch *trauern.* Sie trauern um einen Artgenossen, um Herrchen oder Frauchen. Dabei verweigern sie jegliches Futter und sterben oft binnen kürzester Zeit. Solche Treue über den Tod hinaus können Hunde den Menschen beweisen, wenn sie ihnen echte Freunde waren. Hierfür sind viele tragische Begebenheiten bekannt.
Hunde, die eine unangenehme, mit Schreck verbundene Erfahrung gemacht haben (z. B. angefahren wurden von einem Auto, Stromstöße aus einem angeknabberten Kabel u. v. m.), können diese Eindrücke mit den in ihrem Verhaltenskodex enthaltenen Reaktionsmöglichkeiten oft nicht bewältigen. Sie werden aggressiv, beißen um sich, jagen kopflos davon und finden dann sogar oft den Heimweg nicht mehr.
Übrigens: Mißstimmungen in der Familie übertragen sich auf den Hund! Hunde sind äußerst sensible Tiere, die die veränderten Stimmungen und Launen ihres Herrchens oder Frauchens sehr schnell spüren.
Auf quietschende Geräusche wie beispielsweise die Straßenbahn an der Ecke, auch auf das Martinshorn des Unfallwagens, reagiert der Hund mit Heulen. Sie belasten sein empfindliches Gehör.
Und noch etwas: Von Nichtkennern der Pudelrasse wird oftmals behauptet, der Pudel wäre scheu, weil er sich nicht von jedem Menschen anfassen ließe. Dies ist ganz und gar nicht der Fall. Er ist lediglich zurückhaltender in bezug auf fremde Menschen. Außerdem liebt er es überhaupt nicht, wenn beim Streicheln seine »Krone« »betatscht« wird. Wenn schon, dann wird sie von hinten nach vorne gestrichen. Um nicht jeden Bewunderer darüber aufklären zu müssen, wird der Pudel meist dazu erzogen, sich nicht anfassen zu lassen.

Pudelzucht / Pudelnachwuchs

Wenn Sie eines Tages den Wunsch haben, mit Ihrer Pudelhündin zu züchten, müssen Sie folgendes überdenken: Werden Sie genügend Tierliebe und Zeit aufbringen können? Haben Sie die räumlichen Möglichkeiten, einen Wurf großzuziehen? Verfügen Sie über das nötige Geld, sich mit der Pudelzucht zu beschäftigen? Wenn Sie diese Voraussetzungen nicht erfüllen können, sollten Sie den Gedanken des Züchtens verwerfen.

Es ist eine irrige Ansicht, mit der Pudelzucht das große Geld verdienen zu können. Dem Idealisten geht es ja nicht darum, Pudel einfach zu vermehren, sondern mit bestem Zuchtmaterial ein Zuchtziel anzustreben, das der Rasse dient. Sie werden als Züchter — und ein solcher sind Sie, auch wenn Sie nur einen Wurf großziehen — gerade Ihre Auslagen wieder hereinbekommen, sofern keine Komplikationen beim Wurf auftreten, aber für die viele Arbeit, die Aufregungen, Kümmernisse und die Aufopferungsbereitschaft werden Sie niemals honoriert. Trotz alledem ist das Züchten die Krönung einer Hundehaltung, und wer sich ihr einmal verschrieben hat, bleibt zeitlebens in ihrem Bann, trotz größter Opfer, die abverlangt werden!

Auf jeden Fall sollten Sie einem Pudelklub oder -verband angehören. Hier werden Sie sich durch Fachliteratur, fachliche Mitteilungsblätter, Zuchtwarte, Tierarztvorträge bei klubinternen Veranstaltungen, Symposien, im Gespräch mit bereits erfahrenen Züchtern und durch Zuchtpapiere und Zuchtbücher ein Grundwissen aneignen. Sie werden nicht umhin kommen, die »Zuchtordnung« zu studieren und diese genauestens einzuhalten. Zur Zucht werden nur jene Pudel zugelassen, die die »Zuchttauglichkeitsprüfung« bestanden haben; Zwerg- und Kleinpudel werden dafür ab 15 Monaten, Großpudel ab 18 Monaten zugelassen. Von diesem Alter an können Sie mit Rüden und Hündinnen züchten, wobei zu raten ist, die Hündin erst bei der dritten Hitze belegen zu lassen. Beim zuständigen Zuchtbuchamt müssen Sie einen Zwingerschutz unter Angabe eines Zwingernamens beantragen. Der Zwingername ist sozusagen der »Nachname« des Pudelnachwuchses, während die Welpen je Wurf und Zuchthündin dem Alphabet nach ihre Rufnamen erhalten. Es gibt also einen A-Wurf, B-Wurf, C-Wurf usw. Sie sollten sich rechtzeitig nach einem Deckrüden umsehen, der abstammungsmäßig und im Typ zu Ihrer Hündin paßt. Dabei wird Sie ein ehrenamtlich tätiger Zuchtwart beraten. Paarungen erfolgen zwischen Pudeln gleicher Größenordnungen und Farben.

Bevor Sie die Hündin zum Deckrüden bringen (der Deckakt erfolgt immer dort, wo der Rüde zuhause ist), wird Ihnen der Zuchtwart eine Deckanzeigekarte ausstellen. Nur unter Vorlage dieser darf der Deckrüdenbesitzer seinen Rüden freigeben. Diese Karte müssen Sie sowie der Rüdenbesitzer unterschreiben und umgehend an das Zuchtbuchamt senden. Am Decktag ist dem Rüdenbesitzer die von ihm verlangte und von Ihnen akzeptierte Decktaxe zu bezahlen. Bleibt die Hündin leer, ist der nächste Deckakt frei.

Nach der Geburt

Wenn der Wurf da ist, melden Sie ihn umgehend Ihrem zuständigen Zuchtwart. Dieser kann ihn bereits in den ersten Tagen besichtigen und wird die Welpen zwischen der 7. und 8. Lebenswoche »abnehmen«. Darunter versteht man alle Angaben bezüglich der Abstammung der Elterntiere, Deck- und Wurftag, anerkannte Titel nach Ausstellungserfolgen und im Leistungssport, Wurfstärke nach Rüden und Hündinnen getrennt, totgeborener, getöteter, im Wurf belassener, bis zur Eintragung verendeter Welpen. Dies wird in dem sog. Wurf-Meldeschein festgehalten und die Begutachtung der Pudelchen nach Konstitution, Kopf und Auge, Gebiß und Pigment, Behang, Behaarung und Krallen, eingetragen. Auch die Kondition der Mutterhündin und die Beschaffenheit des Zwingers werden beschrieben.

Zu diesem Zeitpunkt werden die Welpen auch tätowiert. Den Wurf-Meldeschein schicken Sie, zusammen mit dem Originalahnenpaß der Hündin, einer Ahnenpaßkopie des Deckrüden und einer Deckbescheinigung, die Sie rechtzeitig beim Deckrüdenbesitzer angefordert haben, an das Zuchtbuchamt. Von dort erhalten Sie gegen Gebühren umgehend die Ahnenpässe für die Welpen zugesandt.

Jeder Ahnenpaß wird von Ihnen unterschrieben, der Eigentumswechsel eingetragen. Da die Wurfabnahme kurz vor Abgabe der Welpen erfolgt, müssen in den meisten Fällen die Ahnenpässe den Käufern nachgesandt werden.

Am zweiten oder dritten Lebenstag der Welpen werden sie zum Tierarzt gebracht, der sie kupiert. Bei dieser Gelegenheit werden auch die even-

tuell vorhandenen Afterkrallen entfernt. Zwischen der siebten und achten Woche erhalten die Welpen ihre Erstimpfung. Danach sollten sie noch eine Woche in gewohnter Umgebung gehalten werden. Bei Abgabe wird der Impfpaß, eventuell auch schon der Ahnenpaß, ein Futterplan mit Anweisungen über die Haltung des kleinen Hundes, übergeben.

Auf die Zucht in weiterem Umfange einzugehen, würde den Rahmen dieses Buches sprengen, denn sie ist eine Wissenschaft für sich, mit der Sie sich durch weitere Beratung über Ihren Klub oder Zuchtverband auseinandersetzen müssen.

Nach dem beglückenden Erleben, einen Wurf großzuziehen, wünscht man sich nur eines: für jedes kleine Pudelchen, das man so sehr ins Herz geschlossen hat, tierliebe Menschen zu finden, und eines davon zu behalten!

Nützliche Adressen

Internationale Weltdachorganisation
Fédération Cynologique Internationale (FCI)
12, Rue Léopold II, B-6530 Thuin/Belgien

Nationale Dachorganisation für die Bundesrepublik Deutschland
Verband für das Deutsche Hundewesen e.V. (VDH)
Hauptgeschäftsstelle: Mallinckrodtstraße 26, D-4600 Dortmund 1

Dem VDH und damit der FCI sind folgende kynologische Organisationen für den Pudel in der BRD angeschlossen:

Deutscher Pudel-Klub e.V. (DPK)
Hauptgeschäftsstelle: Kattunbleiche 35, D-2000 Hamburg 70

Verband der Pudelfreunde Deutschland e.V. (VDP)
Hauptgeschäftsstelle: Obere Lindenstraße 8, D-2055 Wohltorf

Deutscher Pudel-Zucht-Verband 82 e.V. (PZV 82)
Geschäftsstelle: Alter Weg 3, D-5241 Niederdreisbach

Réunion Européenne du Club du Caniche (REC)
Präsident: Herbert C. Andresen, Sonnenredderweg 45, D-2000 Hamburg 70
Generalsekretärin: Lisbeth Mach-Läubli, Haus Kacian, CH-6062 Oberwilen

Österreichischer Club der Pudelfreunde
Geschäftsstelle:
In der Gugl 6, A-3400 Klosterneuburg

Schweizer Pudel-Club (SPC)
Geschäftsstelle: Ortsgruppe Beider Basel
Sektion SKG, Dr. Paul Egloff,
Arabienstraße 15, CH-4059 Basel

Literaturhinweise

Reitzel, Heinrich: Der Pudel. Hamburg 1978
Schneider, A. und W.: Hundekrankheiten. Stuttgart 1983

Wirtz, Hubert: Der Pudel. Stuttgart 1986

ders.: Welpenaufzucht. Stuttgart 1982